L'intelligence mixte, vers une nouvelle forme d'intelligence

Denis Boulanger

Published by Denis Boulanger, 2022.

While every precaution has been taken in the preparation of this book, the publisher assumes no responsibility for errors or omissions, or for damages resulting from the use of the information contained herein.

L'INTELLIGENCE MIXTE, VERS UNE NOUVELLE FORME D'INTELLIGENCE

First edition. March 2, 2022.

ISBN: 978-2982052239

Written by Denis Boulanger.

Introduction

Durant toute mon enfance, j'ai accumulé dans la garde-robe de ma chambre (au grand dam de ma mère) une quantité importante de morceaux de jouets que je récupérais et m'amusais à les désassembler lorsque ces jouets ne fonctionnaient plus. Petits moteurs électriques, roulettes, engrenages, billes, accessoires de toutes sortes, en plus de pièces de Meccano et Lego, composaient les bases de mes jeux et de mes petites « inventions ».

Mon jeu favori était de construire des machines de *Rube Goldberg* ou ce que j'appelais à l'époque des machines action-réaction. Ce type de machine permet de réaliser des choses simples, comme ouvrir une boîte, en réalisant une série d'opérations complexes. Pour réaliser cela, on doit assembler une série d'éléments (ex. : bascule, glissoire) afin de créer un genre d'effet domino résultant en la tâche finale. Par exemple, en lançant sur une glissoire une simple bille, celle-ci percute en fin de course un bloc qui tombe et qui actionne un interrupteur, qui à son tour fait fonctionner un moteur, qui finalement enroule une corde liée à un couvercle d'une boîte qui s'ouvre (ouf !). Plus la chaîne était complexe, plus le jeu devenait intéressant. Je pouvais m'amuser pendant des heures à créer ces machines infernales qui couvraient une bonne partie de ma chambre.

À l'adolescence, j'adorais imaginer et tenter de fabriquer des machines de toutes sortes : un planeur, un hydroglisseur, un ballon, des parachutes avec des petits soldats verts. Je lisais les biographies des grands inventeurs et scientifiques, comme Edison, l'inventeur de l'ampoule électrique, et Marie Curie rendue célèbre pour ses travaux de recherche sur la radioactivité. Leur vie me passionnait et c'étaient mes héros. Très tôt, je découvris les joies de la création, de l'invention et de la découverte. Bref, j'étais prédestiné à devenir un « inventeur » un jour. Oui, je sais, je suis un « geek » et je l'assume.

J'œuvre dans le domaine de la recherche appliquée et de l'innovation depuis près de trente ans déjà. Je suis spécialiste dans le domaine de la vision par ordinateur, un des axes principaux de ce qu'on appelle aujourd'hui l'intelligence artificielle, appelée aussi IA. Cette branche de l'IA consiste à concevoir des systèmes intelligents qui permettent aux ordinateurs de voir et reconnaître les choses qui nous entourent, un peu comme le fait l'œil humain.

Ma passion pour les ordinateurs m'a amené à développer des dizaines d'applications différentes, allant des machines pour classer le bois d'œuvre ou encore pour trier les contenants de plastique. Les jeux scientifiques de mon enfance m'ont permis de développer cette capacité de créer et de trouver des solutions à des problèmes complexes. Dans ma vie professionnelle, j'étais souvent affecté à des projets jugés difficiles, car j'apportais souvent un regard différent. Ma devise préférée qui décrit bien ma façon de penser est « penser en dehors du cadre ».

Au début, lorsque j'ai commencé à rédiger ce livre, je voulais vous faire profiter de mon expérience en tant qu'innovateur, mais je me suis aperçu très vite que le sujet avait été maintes fois traité par divers auteurs beaucoup plus connus que moi. En effet, en faisant une petite recherche, j'ai constaté très vite qu'il existe des dizaines et des dizaines de bouquins portant sur le sujet. La plupart vous proposent des trucs et des méthodes « infaillibles » afin d'innover et s'adressent pour la plupart à tous les « Steve Job » en devenir.

Pour ma part, mon objectif était de vous faire part de mes réflexions sur l'innovation, qui a été au centre de ma vie depuis que je suis tout petit. Alors, j'ai pensé aborder le sujet de l'innovation sous un autre angle à savoir : est-ce que les ordinateurs peuvent créer et innover ?

La création n'est-elle pas le fruit d'un processus de l'intelligence où l'on mélange des idées différentes afin de créer une œuvre ou encore une machine nouvelle ? Alors, avec toutes les connaissances que l'on peut trouver sur le Web aujourd'hui, pourquoi un ordinateur n'est-il toujours pas capable d'inventer des choses ? Qu'est-ce qui différencie les humains et les machines sur ce point ?

Cette question, simple en apparence, m'a obligé à me pencher sur ce qu'est l'intelligence et comment elle peut en arriver à créer des choses inédites ou géniales. Cette réflexion m'a permis de m'interroger sur des questions plus fondamentales comme : qu'est-ce que la création ? Est-ce que seuls les humains sont capables de créer ? Quelles sont les conditions nécessaires pour qu'une personne ou toute autre entité naturelle ou artificielle (comme les ordinateurs) puisse créer ? Est-ce possible d'imaginer d'autres formes d'intelligence que la nôtre ?

Ce n'est que depuis les 50 dernières années que l'on commence à comprendre comment fonctionne notre cerveau. Il reste cependant beaucoup de chemin à explorer. Bien que l'on soit capable de décrire le processus de création, on connaît peu de choses sur les mécanismes physiologiques et biologiques sous-jacents. Cependant, même si l'on ne sait pas comment ça fonctionne, on peut quand même décrire quelles sont les conditions essentielles pour que l'on puisse créer.

Évidemment, quand je parle ici de création, je ne parle pas uniquement des créations artistiques comme la musique ou la peinture. Non, je parle ici de la création au sens large, création d'idées nouvelles, création d'inventions et même la découverte scientifique qui sous-tend un processus de création. Les ingénieurs, les chercheurs et scientifiques, les architectes créent aujourd'hui beaucoup plus de choses parfois utiles et parfois aussi belles que les artistes de la Renaissance (du moins de mon point de vue !) bien que les deux types de création ne s'adressent pas aux mêmes sentiments.

Ce livre s'adresse à tous les technophiles fascinés par les avancements de l'intelligence artificielle, mais qui se demandent dans quelle direction on s'en va avec cette technologie. Bien des gens pensent que l'intelligence artificielle va remplacer bientôt et même surpasser l'intelligence humaine. Je m'efforcerai de vous montrer qu'on est encore très loin de reproduire toute la complexité de notre cerveau. Cependant, il faut quand même se poser des questions essentielles par rapport à la place de cette technologie dans notre société. Faut-il voir l'intelligence artificielle comme une menace ou comme un allié qui propulsera notre intelligence à un autre niveau ?

Dans ce livre, je tenterai de proposer une nouvelle définition systémique de la création et de l'innovation. La plupart des définitions que j'ai lues à date sont anthropocentriques, c'est-à-dire centrées sur le constat que les humains sont supérieurs à toute forme de vie sur terre. Dans ce livre, je tenterai de démontrer que le développement de l'intelligence dépend de plusieurs facteurs interreliés et non spécifiques aux humains et en quoi cette définition pourrait s'appliquer au développement de l'IA.

Au cours de l'histoire, de nombreux philosophes se sont penchés sur la définition de ce qu'est l'intelligence. On a longtemps pensé, et on le pense toujours, que l'intelligence comprend une partie matérielle, le corps, et intangible comme l'âme humaine. La preuve n'est pas encore faite que l'âme n'existe pas, mais avec l'avancement des connaissances sur le fonctionnement de notre cerveau, on s'aperçoit de plus en plus que l'on pourrait expliquer notre pensée et le fonctionnement de notre intelligence par des processus physico-chimiques. Dans un cas comme dans l'autre — l'âme versus la cybernétique —, on doit faire acte de foi.

Au-delà de notre compréhension de ce qu'est l'intelligence, on peut également se poser la question à savoir pourquoi celle des humains est si différente des autres animaux. Quelles ont été les conditions nécessaires à l'émergence de l'intelligence et comment celle-ci nous a-t-elle donné le pouvoir de créer des choses qu'aucun autre être vivant n'a pu faire avant ? Ceci nous permettra de relativiser la complexité de notre cerveau par rapport aux autres intelligences, qu'elles soient animales ou électroniques.

Depuis les dernières décennies, on a tenté de reproduire certaines fonctionnalités de notre cerveau grâce à l'invention des ordinateurs. Ce qu'on appelle aujourd'hui l'intelligence artificielle, est en fait une série de méthodes algorithmiques qui mimiques les fonctionnalités de notre cerveau. Comme nous, ils peuvent apprendre tout seuls à reconnaître des formes ou des choses dans des images en les observant sans qu'on leur dise comment faire, sans intervention.

Lorsque j'étais candidat au doctorat dans les années 90, l'IA était très populaire dans les milieux universitaires. Mais ce n'est qu'au début des années 2010 que l'engouement pour l'IA a pris vraiment son envol. Les nouveaux algorithmes de « *Deep Learning* » et, disons-le, beaucoup de capitaux de risque ont propulsé cette technologie au sommet des palmarès technologiques. Aujourd'hui, la plupart des gadgets technos utilisent de l'IA. Plusieurs de mes clients veulent de l'IA dans leur produit (même si ce n'est pas toujours possible). Après avoir fait un bref survol de la courte histoire de cette technologie (j'aime bien conter des histoires), je montrerai comment les chercheurs d'aujourd'hui ont créé des applications parfois étonnantes. Je discuterai des dernières avancées de l'intelligence artificielle et démontrerai leur puissance, mais également leurs limitations.

Une fois que les concepts de l'intelligence naturelle et artificielle sont bien compris, il faut tenter de définir comment nos idées peuvent émerger de cette matière organique ou à base de silicium. Est-ce que les coups de génie sont le fruit d'une inspiration divine ou d'un processus naturel ? Quelles sont les conditions nécessaires et suffisantes pour qu'un être intelligent puisse créer ou innover ? Est-ce que seuls les humains peuvent créer ?

Après avoir tenté de répondre à certaines de ces questions existentielles, je proposerai une classification en 5 niveaux des systèmes intelligents en fonction de leur pouvoir créatif. Je montrerai comment cette définition permet de comparer la diversité des intelligences des animaux et des humains entre elles en comparant leur capacité de traiter, et d'organiser les connaissances afin de créer des choses nouvelles ou des créations artistiques. Elle permettra également de mieux positionner l'intelligence artificielle par rapport à celle des humains et démontrer qu'on est encore loin de pouvoir reproduire notre cerveau en code machine.

Cette nouvelle définition de l'intelligence en fonction de sa capacité de créer vient jeter les bases d'une nouvelle forme d'intelligence : une intelligence mixte où les systèmes naturels s'allient aux machines, une forme d'intelligence qui nous permettra de bénéficier des quantités phénoménales de données disponibles sur le Web afin de nous aider à créer des choses jusqu'à maintenant inimaginables.

On sait aujourd'hui que la parole et l'écriture, nous ont permis de perpétuer nos idées de génération en génération et comment nous avons pu produire de nouvelles idées ou de nouveaux concepts basés sur les idées de nos aïeuls. Au même titre, les connaissances universelles du Web, disponibles du bout des doigts, peuvent nous amener à un niveau supérieur en matière de création. C'est ce que j'appelle « l'intelligence mixte ».

Pour y arriver, il faut cependant être en mesure de comprendre comment nous structurons nos connaissances et comment on peut utiliser des méthodes similaires pour structurer celles contenues sur des millions d'ordinateurs dans le monde. L'intelligence mixte pourrait accroître notre propre intelligence collective et permettre une accélération importante de l'innovation grâce à l'Internet. Dans un proche avenir, les nouvelles technologies nous permettront de communiquer plus efficacement avec les ordinateurs pour aller au-delà des simples claviers et souris.

Cependant, il faut être vigilant, car ce nouveau type d'intelligence artificielle pourrait entraîner des dérives importantes qui pourraient nuire à la race humaine. On doit agir maintenant pour s'en prémunir avant que ça dégénère. C'est une question importante qui se pose aujourd'hui et sur laquelle nos philosophes et nos législateurs ont commencé à débattre. On pourrait imaginer un jour où les ordinateurs pourraient gérer notre monde complexe, échanger des idées et même se « reproduire » ! Il faut se poser la question : est-ce vraiment souhaitable ?

La combinaison de l'intelligence artificielle avec celle des humains offre un potentiel jusqu'alors inimaginable. Une accélération du savoir humain encore plus importante que celle que l'on a vécue depuis le dernier siècle. À terme, cela permettra de produire une nouvelle forme d'intelligence qui sera la symbiose entre les êtres vivants et l'intelligence artificielle.

Avis aux auteurs de science-fiction, il y a peut-être du matériel pour vous dans ce livre. Bonne lecture !

Définir l'insaisissable

On associe souvent le pouvoir créateur d'une personne à son intelligence. En effet, beaucoup d'inventions ou d'œuvres artistiques ont été créées par des hommes et des femmes dont l'intelligence ou la sensibilité émotionnelle était exceptionnelle.

Selon l'encyclopédie Britannica, l'intelligence humaine est définie comme « la qualité mentale qui consiste en la capacité d'apprendre par l'expérience, de s'adapter à de nouvelles situations, de comprendre et de traiter des concepts abstraits et d'utiliser ses connaissances pour manipuler son environnement ». Cette définition bien qu'elle décrive les attributs de l'intelligence ne répond pas à la question de base qui tourmente les esprits des philosophes au cours du siècle : comment ça fonctionne ?

Durant des siècles, on a tenté de comprendre comment fonctionnait l'intelligence humaine. Au cours de l'histoire, on a constaté rapidement que les êtres humains étaient plus avancés et plus intelligents que tous les autres animaux sur terre. Homo sapiens a pu s'établir rapidement en haut de la chaîne alimentaire, non pas par sa force brute ou sa rapidité, mais par son intelligence et sa résilience. Car, disons-le franchement, l'homo sapiens n'est pas la bête la plus robuste du règne animal. Il a cependant brillé par sa capacité de s'adapter à de nombreuses situations rapidement.

De nombreux philosophes, comme Aristote ou Descartes, ont tenté de comprendre ce qui caractérise l'intelligence humaine et ce qui rend notre espèce si supérieure et dominante par rapport aux autres animaux. Cependant, après avoir proposé de nombreuses hypothèses tentant d'expliquer l'intelligence, nous ne sommes pourtant pas encore capables de bien définir et de saisir complètement ce que sont les concepts d'intelligence, de créativité ou de génie.

L'âme, ce tissu intangible

L'INTELLIGENCE EST souvent associée à l'âme humaine. Mais bien que la plupart des philosophes reconnaissent l'existence de l'âme humaine, les points de vue divergents sur sa nature, ses liens avec notre corps et sa finalité après la mort. Il y a ceux qui pensent que l'âme est une substance matérielle, d'autres, qu'elle est intelligible. Certains pensent qu'elle est liée indubitablement à notre corps, d'autres qu'elle en sont dissociées. Finalement, certains pensent qu'elle meurt avec nous et d'autres qu'elle est immortelle.

Il y a 2300 ans, le célèbre philosophe grec Aristote a fait une première référence à quelque chose de proche de l'idée d'intelligence, qu'il a appelé la « raison ». La raison, selon Aristote, concernait la capacité de l'humain à gérer ses passions, ou autrement dit, sa capacité à résister à l'envie de ses instincts. C'était ce qui nous séparait des animaux : les humains avaient la raison, les bêtes non.

Aristote a postulé que le corps et l'âme existent en tant que facettes d'un même être. Il suggère que l'intellect se compose de deux parties : quelque chose de similaire à la matière (l'intellect passif que l'on pourrait associer au corps) et quelque chose de similaire à la forme appelée « âme » (que l'on pourrait associer à l'esprit). Aristote prétend que l'intellect est séparable du corps puisqu'il est dans sa nature essentielle et incorruptible. Lorsque l'intellect est libéré du corps, il apparaît comme ce qu'il est et rien de plus : lui seul est immortel et éternel et sans lui rien ne pense.

Beaucoup plus tard, en Italie du Sud, Thomas d'Aquin, théologien et philosophe, a repris les idées d'Aristote en les remaniant pour les adapter à son cadre théologique chrétien. Aquin croyait que l'intellect rendait la vie sur terre compréhensible en expliquant les choses qu'on ne ressent pas directement, comme la notion de dieu et d'idée créatrice. Comme Aristote, il croyait que l'âme rationnelle de l'homme était immortelle. L'homme est situé par son existence même à la jonction de deux univers, « comme un horizon du corporel et du spirituel ». Chez l'homme, il y a non seulement une distinction entre l'esprit et la nature, mais aussi une homogénéité intrinsèque des deux. Bien que ses idées aient été controversées pendant de nombreux siècles, ses vues sont devenues la philosophie officielle de l'Église catholique romaine et sont toujours enseignées dans les écoles catholiques aujourd'hui.

On retrouve le concept d'âme dans la plupart des grandes religions. Dans le judaïsme, l'homme ne possède pas une âme, il est une âme. À sa mort, l'homme retourne au Shéol, le néant, jusqu'à la résurrection. L'islam distingue trois entités spirituelles de l'être humain : l'âme, la psyché et l'esprit. L'âme quitte le corps après la mort. C'est une substance primaire et immortelle, l'esprit est le côté raisonnable de l'être humain qui est la base de tout jugement. L'union de l'âme et de l'esprit constitue l'être en lui-même ou la psyché. Dans l'hindouisme, l'âme peut avoir aussi d'autres significations : le principe essentiel à partir duquel s'organise tout être vivant ou encore le souffle vital. Dans cette religion, l'âme survit en se réincarnant dans des différents corps (humains, animaux ou végétaux, selon les théories).

Pour le philosophe René Descartes, mathématicien, physicien et philosophe français du XVIe siècle, l'âme est indivisible et immatérielle, le corps est divisible et matériel. En effet, l'auteur part du principe qu'on a deux bras, deux jambes, bref, que tous les organes de nos sens extérieurs sont en double, mais qu'on a une seule pensée, ce qui signifie que l'âme est unique. Descartes innove par rapport à la pensée chrétienne par l'importance accordée au corps. Le corps est le lieu des passions, même si sans l'âme il ne ressentait rien, car un cadavre ni ne pleure ni ne rit.

Spinoza, ira un peu plus loin que Descartes et propose que le corps et l'esprit soient une seule et même chose, mais exprimée de deux manières. Né le 24 novembre 1632 à Amsterdam, Baruch Spinoza est un philosophe néerlandais qui occupa une place importante dans l'histoire de la philosophie. Spinoza rejette toute transcendance divine et fait référence à la nature comme source de toute création. Spinoza va donc proposer d'étudier la nature du corps à partir du corps lui-même, et non plus à partir de la pensée ou de l'âme. Avec Spinoza, le siège de l'intelligence passe de l'âme au corps. La philosophie de Spinoza ouvrit ainsi la voie à la science afin de tenter d'expliquer ce qu'est l'intelligence.

Au XIXe siècle, le naturaliste et paléontologue britannique Charles Darwin a révolutionné la biologie avec ses théories de l'évolution et de la sélection naturelle. Pour Darwin, la raison pouvait être décomposée en gradations, où certaines personnes en ont plus et d'autres moins. L'idée était basée sur les observations de Darwin sur l'évolution et sur la manière dont les « pouvoirs mentaux » étaient plus importants chez les espèces plus évoluées.

« [...] un degré élevé d'intelligence est certainement compatible avec des instincts complexes, et bien que des actions, d'abord apprises volontairement, puissent bientôt, par habitude, être exécutées avec la rapidité et la certitude d'une action réflexe, il n'est cependant pas improbable qu'il y ait une certaine interférence entre le développement de l'intelligence libre et celui de l'instinct, — ce dernier impliquant une certaine modification héritée du cerveau. On sait peu de choses sur les fonctions du cerveau, mais on peut percevoir qu'à mesure que les pouvoirs intellectuels se développent, les différentes parties du cerveau doivent être reliées par des canaux très complexes d'intercommunication très libre [...] » (Darwin, 1871)

On ne saurait trop souligner l'importance des contributions de Charles Darwin à l'histoire de notre compréhension de l'intelligence et surtout celle du cerveau humain. Avec Darwin, on commence à se demander si l'âme et l'intelligence humaine ne seraient pas le fruit d'une évolution naturelle et physique et non pas d'une source métaphysique ou divine.

Depuis la fin du XIXe siècle, l'avancement des sciences dans la compréhension de notre corps et surtout celui de notre cerveau a permis de remettre en question le principe même de l'existence de l'âme humaine. Les connaissances récentes sur le fonctionnement cérébral modifient notre relation avec la spiritualité. Les recherches dans ce domaine nous permettent de nous questionner sur l'essence même de l'âme comme siège de l'intelligence. L'esprit n'est-il que de la matière arrangée en neurones et molécules, dirigés par les gènes ? En d'autres mots, est-ce que nos actions et nos pensées peuvent être expliquées uniquement par des phénomènes physico-chimiques ?

Mesurer l'intelligence

TOUS CES PHILOSOPHES nous ont proposé une définition de ce qu'est l'intelligence sans vraiment prouver leur hypothèse hors de tout doute. La nature et la source de l'intelligence restent encore aujourd'hui un concept nébuleux et insaisissable.

Cependant, la nécessité de classer les gens dans diverses catégories a amené certaines sociétés à tenter de catégoriser les gens en se basant sur une mesure de leur intelligence. Cette classification a permis et permet encore aux dirigeants (ex. : rois, seigneurs et gouvernements) d'avoir un certain ascendant sur leurs sujets et la population en général.

Le premier test moderne de l'histoire du quotient intellectuel (QI) a été mis au point en 1904 par Alfred Binet (1857-1911) et Théodore Simon (1873-1961). Le ministère français de l'Éducation nationale de l'époque a demandé à ces chercheurs de mettre au point un test qui permettrait de distinguer les enfants mentalement retardés des enfants normalement intelligents, mais paresseux. Le résultat fut le test de QI Simon-Binet. Ce test de QI comprend plusieurs composantes telles que le raisonnement logique, la recherche de mots rimés et la dénomination d'objets.

Le résultat du test de QI, combiné à l'âge de l'enfant, fournit des informations sur son développement intellectuel : l'enfant est-il en avance ou en retard par rapport aux autres enfants ? Le QI a été calculé comme suit (âge mental/âge chronologique) x 100. Ce test a connu un énorme succès, tant en Europe qu'en Amérique.

Par la suite, d'autres ont proposé des versions améliorées du test de Simon-Binet. S'appuyant sur ce test et le test Stanford-Binet (la version américaine du test Simon-Binet), le psychologue américain David Wechsler créa un nouvel instrument de mesure. Tout comme Binet, Wechsler pensait que l'intelligence impliquait différentes capacités mentales. Insatisfait des limites du test de Stanford-Binet, il publie en 1955 son nouveau test d'intelligence, connu sous le nom de Wechsler Adult Intelligence Scale (WAIS).

Lors de sa conception, le test de QI offrait un moyen relativement rapide et simple d'identifier et de trier les individus en fonction de leur intelligence, un moyen qui était et reste très apprécié par la société. Aux États-Unis et ailleurs, des institutions telles que l'armée et la police ont utilisé des tests de QI pour sélectionner les candidats potentiels. Elles ont également mis en place des conditions d'admission dans différentes institutions, basées sur les résultats de ce test.

Parallèlement à l'utilisation généralisée des tests de QI au XXe siècle, on a fait valoir que le niveau d'intelligence d'une personne était influencé par sa biologie. Les ethnocentriques et les eugénistes, qui considéraient que l'intelligence et les autres comportements sociaux étaient déterminés par la race et la biologie, se sont accrochés aux tests de QI. Ils ont souligné les écarts apparents que ces tests ont mis en lumière entre les minorités ethniques et les Blancs ou entre les groupes à faibles et hauts revenus.

Certains ont soutenu que ces résultats de tests apportent une preuve supplémentaire que les groupes socio-économiques et raciaux étaient génétiquement différents les uns des autres et que les inégalités systémiques étaient en partie un sous-produit des processus évolutifs.

Les résultats des tests d'intelligence utilisés dans l'armée américaine ont fait l'objet d'une large publicité et ont été analysés par Carl Brigham, psychologue de l'université de Princeton et fondateur de la psychométrie, dans un ouvrage de 1922 intitulé *A Study of American Intelligence*. Brigham a appliqué des analyses statistiques méticuleuses pour démontrer que l'intelligence des Américains était en déclin, affirmant que l'augmentation de l'immigration et l'intégration raciale étaient à blâmer. Pour remédier à ce problème, il préconise des politiques sociales visant à restreindre l'immigration et à interdire le mélange des races.

Mais dans leurs moments les plus sombres, les tests de QI sont devenus un moyen puissant d'exclure et de contrôler les communautés marginalisées en utilisant un langage empirique et scientifique. Les partisans des idéologies eugéniques des années 1900 utilisaient les tests de QI pour identifier les « idiots », les « imbéciles » et les « faibles d'esprit ». Il s'agissait de personnes qui, selon les eugénistes, menaçaient de diluer le stock génétique anglo-saxon blanc d'Amérique.

À la suite de ces arguments eugéniques, de nombreux citoyens américains ont été stérilisés. En 1927, un arrêt tristement célèbre de la Cour suprême des États-Unis a légalisé la stérilisation forcée des citoyens souffrant de troubles du développement et des « faibles d'esprit » qui étaient souvent identifiés par leurs faibles scores de QI. Cet arrêt, connu sous le nom de Buck vs Bell, a entraîné la stérilisation forcée de plus de 65 000 personnes dont on pensait qu'elles avaient un faible QI. Évidemment, les personnes qui ont été stérilisées de force à la suite de l'arrêt Buck vs Bell étaient disproportionnellement pauvres ou de couleur.

La stérilisation forcée aux États-Unis sur la base du QI, de la criminalité ou de la déviance sexuelle s'est poursuivie officiellement jusqu'au milieu des années 1970, lorsque des organisations comme le Southern Poverty Law Center ont commencé à intenter des procès au nom des personnes qui avaient été stérilisées. En 2015, le Sénat américain a voté pour indemniser les victimes vivantes des programmes de stérilisation parrainés par le gouvernement.

Le QI ne dit pas tout

À LA FIN DE LA SECONDE Guerre mondiale, plus d'une centaine de nazis ont été jugés entre 1945 et 1949 à Nuremberg. Parmi les personnes jugées se trouvaient les « Nuremberg 21 ». C'étaient les plus hauts responsables du groupe, une liste de leaders nazis.

Après avoir testé leur personnalité inhérente, les procureurs ont demandé à des experts d'évaluer leur intelligence, en effectuant des tests de QI sur chacun des 21 dirigeants nazis. Les tests de QI sont en fait assez courants dans les affaires de peine de mort. Mais ils sont généralement utilisés pour déterminer si l'accusé souffre d'un retard mental pour éviter l'exécution.

Mauvais ou pas, peu de gens soupçonnaient ces dirigeants d'être des imbéciles. Et ce qui est fascinant à propos de ce test, c'est qu'il s'agit du seul test de QI connu de toute une branche de la direction du gouvernement nazi.

Tous ceux qui ont été testés ont fait preuve d'un QI supérieur à la moyenne. Un certain nombre d'entre eux ont obtenu des scores très élevés. La moyenne des 21 dirigeants nazis était de 128, soit près de deux écarts-types de plus que la moyenne des personnes (QI moyen = 100).

Il y a une ironie amère dans tout cela, car les tests de QI n'étaient qu'un autre mécanisme utilisé par les nazis pour tuer et stériliser près d'un demi-million de personnes. Et leurs scores élevés, en cette dernière heure, ont largement contribué à servir leur ego.

On voit donc que la quête de la compréhension de l'intelligence a été un sujet controversé tout au long de l'histoire. Malgré l'intérêt considérable porté à ce sujet, il existe toujours un désaccord sur les composantes de l'intelligence. Outre la question de savoir comment définir exactement l'intelligence, le débat se poursuit aujourd'hui sur la question de savoir si des mesures précises sont même possibles.

L'intelligence chez les animaux

COMME ON L'A CONSTATÉ, l'intelligence chez l'humain est difficile à mesurer. Pour les humains, les mesures courantes sont les scores basés sur le QI, qui sont toujours très controversés. Mais cette différence devient encore plus évidente lorsque d'autres espèces sont en jeu. L'étude de l'intelligence animale est un domaine tellement naissant que la plupart des hypothèses avancées n'ont pas encore été reproduites en laboratoire. Les plus grands défis au développement de ce domaine sont qu'il repose trop sur des anecdotes, que les expériences contrôlées avec des échantillons de taille suffisante sont difficiles à concevoir, ou que beaucoup le considèrent comme non pertinent, car le concept d'intelligence a été trop « anthropomorphisé », c'est-à-dire qu'on essaye trop de transposer celle des humains sur celle des animaux.

L'anecdote la plus célèbre est celle de Rico le chien. En 2004, des chercheurs allemands ont découvert un border collie qui pouvait apprendre le nom d'un objet d'un seul coup, avait un vocabulaire de 200 mots et se souvenait de tous les mots un mois plus tard. Rico a été extraordinaire. Il a renouvelé l'intérêt du public pour les capacités de traitement du langage d'un animal pour la première fois depuis le début des années 1900, lorsque le public pensait que le cheval Clever Hans, le malin, savait compter et lire l'heure (il ne faisait en réalité que répondre au langage corporel de son propriétaire).

Certaines expériences réalisées sur des corbeaux, corneilles et autres « corvidés » montrent les facultés exceptionnelles de ces oiseaux. Ils sont capables de fabriquer des outils en plusieurs parties, comme des bâtons crochus pour atteindre les larves, ou de résoudre des énigmes géométriques. Ils impressionnent depuis longtemps les scientifiques par leur intelligence et leur créativité. De plus, certaines recherches récentes montrent que les corbeaux savent à quoi ils pensent et peuvent réfléchir au contenu de leur propre esprit, une manifestation d'intelligence supérieure et de pensée analytique longtemps considérée comme l'apanage des humains et de quelques autres mammifères supérieurs.

Il existe des individus tout aussi fascinants d'une espèce à l'autre. En 2011, Kandula l'éléphant ne pouvait pas atteindre une branche de fruits, alors il a fait rouler une boîte en bois avec sa trompe et l'a utilisée comme tabouret. Auparavant, les scientifiques ne pensaient pas que les éléphants savaient se servir d'outils. Dans un autre cas, Ayumu le chimpanzé s'est rappelé à plusieurs reprises des séquences aléatoires de neuf chiffres, même si les chiffres n'avaient été affichés que pendant une fraction de seconde. L'année suivante, il est opposé au champion britannique de la mémoire, Ben Pridmore, et Ayumu en est sorti victorieux.

Lorsqu'ils étudient l'intelligence animale, les scientifiques analysent généralement la maîtrise de soi, la conscience de soi et la mémoire d'un sujet. Ces capacités font partie intégrante du traitement de l'information et des choix rationnels, l'intelligence sous sa forme la plus généralisée.

Les outils d'évaluation de l'intelligence les plus populaires parmi ces chercheurs sont le « test de pointage » et le « test du miroir ». Dans le « test de pointage », un animal est dressé à s'attendre à trouver de la nourriture à un certain endroit. L'emplacement de la nourriture est alors changé et l'homme indique le nouvel emplacement. Si l'animal se rend directement au nouvel endroit, il réussit le test, et s'il ignore le mouvement de pointage et cherche de la nourriture là où il a été entraîné à regarder, il échoue. L'étude évalue la maîtrise de soi et la capacité à réagir aux nouvelles informations. Les bébés humains commencent à passer le test vers leur premier anniversaire, mais la plupart des animaux, même les chimpanzés, échouent. Ceux qui réussissent sont généralement des mammifères domestiqués. Les chiens sont particulièrement doués pour cela.

Le « test du miroir » vérifie la conscience de soi. Une marque défigurant, tel qu'un point rouge, est généralement appliqué sur le front du sujet. Si le sujet montre une indication, en touchant son visage par exemple, de reconnaître qu'il regarde son propre reflet, l'animal réussit. Se reconnaître dans un miroir est considéré comme un signe de cognition, car cela nécessite au moins une notion rudimentaire d'identité.

Malheureusement, lorsqu'on mesure ces capacités chez les animaux, il est souvent difficile d'obtenir les tailles d'échantillons et les conditions requises pour une précision scientifique. Une étude réalisée en 2013 a montré que les éléphants réussissent le test de pointage environ les deux tiers du temps. Cependant, la taille de l'échantillon de l'expérience était de 11, un chiffre qui laisse beaucoup trop de place à l'erreur, car chaque éléphant porte un poids de 9 % sur l'étude. Après qu'une autre étude de 2013 ait montré que les dauphins pouvaient se souvenir les uns des autres après plus de 20 ans de séparation, le *National Geographic* titrait « Les dauphins ont la plus longue mémoire du règne animal ». Dans ce cas, la taille de l'échantillon était de 43, bien trop petite pour être considérée comme définitive dans toute autre science du comportement.

Les tests du pointeur et du miroir pourraient également être incohérents sur le plan écologique. Irene Pepperberg, une psychologue animale à Harvard qui travaille avec des perroquets, explique : « Les tests en miroir vérifient si un sujet a une autoreconnaissance, mais le test peut être délicat. Nous avons fait passer le test à l'un de mes perroquets. Il a vu la marque dans le miroir, l'a grattée pendant quelques secondes, la marque n'a pas disparu et il est parti. Les perroquets ont tout le temps de la crasse sur le visage quand ils se nourrissent, alors que signifient les actions de l'oiseau ? Idem pour le test de pointage : si un animal n'a pas de bras, de mains et de doigts, que signifierait vraiment le fait de le montrer du doigt ? »

Il y a là un paradoxe : les scientifiques ont du mal à accréditer des expériences qui ne sont pas correctement contrôlées, mais, avec les animaux, les études correctement contrôlées ne peuvent souvent pas tenir compte du contexte écologique, car les animaux ne rempliront jamais les conditions de laboratoire au cours de leur vie naturelle. C'est pourquoi le domaine s'appuie encore essentiellement sur des anecdotes.

Certains auteurs n'hésitent pas à parler d'intelligence dans le domaine végétal, de sensibilité des plantes ou d'intelligence émotionnelle des plantes, bien que cette notion soit controversée. Les biologistes reconnaissent les facultés sensorielles des plantes. Les scientifiques s'accordent à reconnaître la capacité des plantes à communiquer entre elles et à s'adapter à leur environnement, ce qui peut être considéré comme une certaine forme d'intelligence.

Une affaire physique

LORS DE LA MORT D'ALBERT Einstein en 1955, le pathologiste Thomas Harvey prend alors une décision qui va changer le cours de son existence : raser la tignasse rebelle du plus célèbre physicien, le dépouiller de son cuir chevelu et ouvrir la boîte crânienne pour prélever la précieuse matière grise.

Pendant plus de 20 ans, on n'entend plus parler de cet événement. Tout porte à croire que, après avoir été mis à la porte de l'hôpital de Princeton, Thomas Harvey a pris soin d'emporter le cerveau d'Einstein... dans sa valise.

En 1978, le jeune journaliste Steven Levy frappe à la porte de son bureau. Selon lui, « il a pris une boîte où était écrit Costa Cider dont il a tiré deux bocaux de verre remplis de formol, dans lesquels flottaient des dizaines de petits cubes », quelques semaines après le prélèvement. Thomas Harvey avait en effet découpé le cerveau en quelque 240 morceaux.

Sollicité de toutes parts après la publication de l'article de Steven Levy, Thomas Harvey envoie des tranches et des cubes du cerveau à des chercheurs aux quatre coins de la planète.

Après avoir scruté et sondé les défunts neurones dans leurs moindres ramifications, la majorité des scientifiques ne publient pas le fruit de leurs recherches. Pour la simple et bonne raison qu'ils n'ont rien trouvé d'intéressant ! À trois exceptions près. Marian Diamond, neuroanatomiste à l'université de Californie de Berkeley, écrit en 1985 dans la revue *Neurology* que « le ratio des cellules gliales par rapport aux neurones est plus élevé dans les lobes pariétaux d'Einstein que dans ceux de la moyenne des 11 cerveaux témoins analysés ». Le docteur Britt Anderson, du département de neurologie de l'université d'Alabama, estime quant à lui que « le cortex frontal d'Einstein était plus densément fourni de neurones que celui des cerveaux témoins ». Il publie ces résultats peu convaincants dans *Neuroscience Letters*, en 1996.

C'est la neuropsychologue Sandra Witelson, au G. DeGroote School of Medicine de l'université McMaster, à Hamilton, qui signe en 1999 dans la prestigieuse revue médicale *The Lancet* l'article qui fait le plus jaser : « L'exceptionnel cerveau d'Einstein ». Exceptionnel, car sa morphologie pourrait lui avoir donné un avantage par rapport au commun des mortels, explique-t-elle avec enthousiasme : « Ses lobes pariétaux sont plus gros, à cause de la configuration particulière de la scissure de Sylvius, qui conflue avec le sillon postcentral. » Traduction : chez Einstein, la superficie d'une région du cerveau qui joue un rôle capital dans l'intégration visuospatiale et l'idéation mathématique était plus importante, puisque la longue crevasse qui la délimite normalement prenait un tournant inattendu.

Aujourd'hui, personne ne doute du génie d'Einstein. Sa conception et sa modélisation du monde physique ont révolutionné tout un pan de la science expérimentale. Le plus étonnant est de constater qu'il a développé toute sa théorie de la relativité en se basant uniquement sur ses intuitions.

Malgré ces découvertes par rapport au développement de certaines parties de son cerveau, on peut déduire facilement qu'il avait les capacités mentales pour développer sa théorie. Mais était-il pour autant plus intelligent qu'un autre ? Où avait-il une habileté hors norme pour manipuler des concepts abstraits et mathématiques ?

Du plastique gris

MARIAN DIAMOND EST la première femme à graduer dans le département d'anatomie à l'université de Berkeley au début des années 1950. Elle allait, une dizaine d'années plus tard, être à l'origine d'une véritable révolution scientifique dans le domaine encore jeune des neurosciences.

À l'époque, on ne croyait pas que le cerveau pouvait changer significativement durant la vie. Il y avait un consensus dans la communauté scientifique selon lequel ce n'était que nos gènes qui déterminent la structure de notre cerveau. Or Marian Diamond va montrer le contraire. Elle va élever des rats dans un environnement enrichi, c'est-à-dire dans de grandes cages avec beaucoup de congénères et d'objets à explorer, et va comparer leur cerveau à celui d'autres rats élevés dans un environnement appauvri (seuls, dans une petite cage, sans objet). En observant au microscope des tranches de leur cortex respectif, Diamond a pu noter des différences significatives, en particulier chez les jeunes rats élevés dans un environnement enrichi : leur cortex était 6 % plus épais !

Grâce aux travaux de Marian Diamond, et bien d'autres, on a pu démontrer que le cerveau n'est pas figé à la naissance, mais peut s'adapter et se modifier selon les expériences de chacun, tout au long de notre vie. Ce concept d'adaptabilité est connu sous le nom de « plasticité », par analogie à la plasticité des matériaux.

Par exemple, par suite d'une blessure au genou, on peut conditionner notre système nerveux à redevenir plus réactif ou encore entraîner d'autres muscles à venir compenser les muscles moins forts. De même, on peut conditionner ou entraîner la partie créatrice et analytique de notre cerveau à devenir plus performante. Le truc est de savoir comment.

Cinquante tons de gris

D'AUTRES CHERCHEURS ont tenté de donner une définition plus large à l'intelligence. D'après la théorie des intelligences multiples d'Howard Gardner, professeur à Harvard, nous n'avons pas qu'un seul type d'intelligence, mais plutôt 8 formes d'intelligence.

1. L'intelligence logico-mathématique : C'est l'intelligence des personnes qui sont douées en calcul, qui aiment résoudre des problèmes logiques et qui analysent en permanence les causes et les conséquences des phénomènes autour d'eux. Ils aiment catégoriser, ordonner et adorent les puzzles, casse-tête, jeux de stratégie et jeux de déduction.

2. L'intelligence verbolinguistique : C'est l'intelligence des personnes qui sont douées dans l'utilisation du langage. Elle est particulièrement présente chez les écrivains, les poètes, les avocats ou les grands orateurs.

3. L'intelligence spatiale : C'est l'intelligence des personnes qui ont une facilité à se représenter des images mentales précises et complexes. Cette intelligence est particulièrement développée chez les géographes, les peintres, les dessinateurs, les pilotes, les navigateurs et les architectes, par exemple.

4. L'intelligence intrapersonnelle : C'est l'intelligence des personnes qui aiment apprendre, s'améliorer, qui savent se remettre en question et faire preuve d'autocritique. Elle fait aussi partie, en compagnie de l'intelligence interpersonnelle listée plus bas, de l'intelligence émotionnelle. Il n'est pas étonnant que pas mal de personnes ayant développé cette intelligence soient passionnées par le développement personnel et adorent apprendre de nombreuses choses par elles-mêmes. Ces personnes ont souvent un attrait pour l'exploration, la recherche ou pour l'écriture et cherchent à augmenter leurs connaissances et leurs aptitudes en permanence.

5. L'intelligence kinesthésique ou corporelle : C'est l'intelligence des personnes qui aiment apprendre au travers de sensations physiques. Le plus souvent, elles adorent les activités sportives ou l'expression théâtrale et ont du mal à apprendre en restant assises dans une classe à écouter des concepts théoriques. Cette

intelligence est particulièrement développée chez les sportifs, les danseurs et tous les métiers qui nécessitent de bien maîtriser son corps et ses mouvements.

6. L'intelligence interpersonnelle : C'est l'intelligence des personnes qui sont capables d'empathie et de deviner les intentions, les humeurs, les motivations et les sentiments d'autrui et de leur répondre adéquatement. Ils font de bons politiciens, orateurs, enseignants, consultants, vendeurs ou médiateurs, par exemple.

7. L'intelligence musicale/rythmique : C'est l'intelligence des personnes qui ont une facilité à mémoriser des mélodies, harmoniser des sons et à reconnaître des rythmes. Ces personnes aiment tout ce qui a un rapport avec la musique et comprennent l'influence de certains rythmes sur nos émotions. Cette intelligence est particulièrement développée chez les musiciens, musicologues, ingénieurs du son ou poètes, par exemple.

8. L'intelligence naturaliste : C'est l'intelligence des personnes qui sont capables de différencier les êtres vivants et qui se montrent sensibles aux caractéristiques du monde environnant. Ces personnes aiment observer la nature et avoir un rapport privilégié avec elle. Elles sont également très conscientes des écosystèmes, de l'écologie, de l'organisation des êtres vivants, etc. Cette intelligence est particulièrement développée chez les botanistes, les biologistes ou zoologistes, par exemple.

Si l'on se réfère à cette définition de l'intelligence, on peut comprendre qu'Einstein avait un certain type d'intelligence. Il avait sans contredit une intelligence logique, mathématique et spatiale supérieure à la moyenne. Cependant, il avait probablement une intelligence intrapersonnelle et même musicale (car il jouait du violon) de niveau moyen.

Les personnes atteintes du spectre de l'autisme sont parfois capables de réaliser des tâches cognitives d'un niveau très élevé dans des domaines spécifiques auxquels elles consacrent beaucoup de temps et d'énergie. Certaines peuvent avoir des mémoires phénoménales, faire des calculs rapidement ou apprendre la musique en un rien de temps. Les études ont démontré que les autistes ont une forme d'intelligence différente de la moyenne.

Incertitude

BIEN QUE LES DÉFINITIONS de l'intelligence puissent varier considérablement d'un théoricien à l'autre, les conceptualisations actuelles tendent à suggérer que l'intelligence est définie par les capacités suivantes :

1. Apprendre par l'expérience : l'acquisition, la conservation et l'utilisation des connaissances sont une composante importante de l'intelligence.
2. Reconnaître les problèmes : pour appliquer les connaissances, les gens doivent être capables d'identifier les problèmes éventuels qui doivent être résolus.
3. Résoudre des problèmes : les gens doivent ensuite être capables d'utiliser ces connaissances et ces expériences pour trouver une solution utile à un problème qu'ils ont remarqué dans le monde qui les entoure.

L'intelligence fait appel à différentes capacités mentales, notamment la logique, la mémorisation, le raisonnement, la résolution de problèmes et la planification. Si le sujet de l'intelligence est l'un des plus vastes et des plus étudiés, c'est aussi l'un des sujets qui suscitent le plus de controverses.

En relatant l'histoire de la philosophie de notre pensée, on constate rapidement toute la complexité de définir l'intelligence. À quel niveau peut-on parler d'intelligence exceptionnelle ou de génie ? Doit-on parler d'intelligence multiple ou d'une seule forme intelligente ?

Dans cette catégorisation des types d'intelligence, il faut se demander si l'on peut avoir une prépondérance pour la logique et les mathématiques, et être déficient sur d'autres aspects comme l'intelligence interpersonnelle. Est-ce que l'intelligence peut vraiment être catégorisée ou cela fait-il partie d'un tout interrelié ?

Avant tout, mettons les choses au clair : le mythe voulant que l'on n'utilise qu'une fraction de notre cerveau est absolument faux. La nature a horreur des choses qui ne servent à rien. Entendons-nous : toutes les cellules de notre cerveau sont utilisées. Si ce n'était pas le cas, elles mourraient. La plupart servent évidemment à ce que j'appellerai les services de bas niveau (ou reptiliens), comme la respiration, la marche, la vision, etc. Il faut comprendre que le corps humain est un système extrêmement complexe et qui est régi par une multitude de systèmes de contrôle intelligents tout aussi complexes. Seule une partie de notre cerveau contribue à nos pensées et à ce qu'on appelle la conscience.

Dans le prochain chapitre, j'aborderai comment notre espèce, l'homo sapiens, a pu se démarquer autant par rapport aux autres espèces animales et quelles sont les conditions qui ont pu nous aider à dominer le monde.

Se démarquer

Une approche systémique

La plupart des philosophes d'aujourd'hui (professionnels ou amateurs comme moi) se disent souvent humanistes, c'est-à-dire qu'ils ont une façon de penser à notre monde centré sur les valeurs humaines. Il s'agit d'une doctrine où l'homme est la mesure de toutes les choses. Ce courant s'oppose au théocentrisme médiéval, où Dieu était le centre de la vie.

Personnellement, je suis un adepte du « systémisme ». La prémisse principale de cette philosophie est que tous les objets et formes vivant dans l'univers existent seulement en fonction de leurs relations avec d'autres. Le systémisme en vient à considérer le fonctionnement de tout système par un ensemble d'interactions, de relations de causalité et même de rétroaction.

L'écosystème est un bon exemple de l'interrelation entre les êtres. La définition la plus simple d'un écosystème est la suivante : il s'agit d'un ensemble d'êtres vivants qui vivent au sein d'un milieu ou d'un environnement spécifique et interagissent entre eux au sein de ce milieu et avec ce milieu. Par exemple, une forêt tropicale est un écosystème constitué d'êtres vivants (arbres, plantes, insectes, animaux, micro-organismes) qui sont en constante interaction.

De plus, les interactions entre des éléments de base d'un système peuvent produire des comportements ou des réactions qui ne se retrouvent pas nécessairement chez chaque élément. Chaque être vivant est constitué de cellules dont la fonctionnalité individuelle est banale et simple, mais mise dans un système qu'est l'animal ou la plante, produit des comportements et des interactions différents. Les cellules biologiques n'ont du sens que lorsqu'elles entrent en relation avec les autres. Le tout est supérieur à la somme des parties. Un plus un égal trois (bref, vous voyez le principe).

Le même principe s'applique de façon générale pour les systèmes politiques, économiques et sociaux. Une société est un ensemble d'êtres humains qui interagissent pour se protéger et s'entraider (du moins, c'est ce que l'on souhaite).

Au même titre que les systèmes biologiques, l'intelligence peut être définie par une série d'interactions entre différents systèmes cérébraux sensoriels. Les êtres vivants sont constitués de divers tissus et parties tous interreliés directement ou indirectement entre eux. Notre cœur, nos mains, notre estomac sont des systèmes de cellules qui grâce au système nerveux interagissent en transmettant des messages sous forme d'influx nerveux à notre cerveau.

Le cerveau avec la moelle épinière constitue le système nerveux central, capable d'intégrer les informations, de contrôler la motricité et d'assurer les fonctions cognitives. Le cerveau est constitué de différents lobes ayant chacun sa fonction propre. Le lobe frontal est le lieu du raisonnement, du langage et de la coordination motrice volontaire. Le lobe pariétal, situé à l'arrière du lobe frontal, est le siège de la conscience du corps et de l'espace environnant. Le lobe temporal, situé sur le côté gauche, est le centre de l'audition, de la mémoire et des émotions.

Dans ce contexte systémique, l'intelligence animale est donc caractérisée par le type d'interactions entre les différentes parties du corps et la complexité des échanges d'informations. Les cellules de notre œil, par exemple, captent la lumière et transmettent l'information à notre cortex visuel situé derrière notre cerveau via les nerfs optiques. L'information transmise sous forme d'impulsions électriques est interprétée par notre cortex avant d'être distribuée vers d'autres régions de notre cerveau pour son interprétation. C'est ce qui nous permet de reconnaître un visage parmi d'autres, ou encore d'apprécier un coucher de soleil. Ici, l'intelligence est intimement liée au système œil-nerf-cerveau. Un œil seul ne peut exprimer des émotions devant un tableau de grand maître. Dans ce contexte, un cerveau seul ne peut pas réagir sans les yeux. L'intelligence existe seulement dans la relation entre les différents organes qui les relie au monde extérieur.

Dans cette définition, on peut difficilement cerner un seul foyer de l'intelligence, mais un ensemble de systèmes composés de tissus, de nerfs et de cellules qui captent la lumière, les sons, les vibrations, les mémorisent et interprètent les signaux.

Est-ce à dire que l'on peut définir l'intelligence en une simple réaction nerveuse obtenue à partir de stimuli externes ? En principe, oui et voici pourquoi. Si l'on définit un système intelligent comme constitué d'un ensemble de structures nerveuses de base reliant nos organes au monde extérieur, on peut en principe supposer que toute réaction nerveuse allant de la simple réaction de douleur face à un coup jusqu'à l'émerveillement devant une œuvre d'un grand peintre est une manifestation d'intelligence. Cependant, et c'est là la nuance, le nombre d'interactions nerveuses qui sont impliquées dans l'appréciation d'une œuvre est des millions de fois supérieur à une simple réaction de douleur.

En effet, selon cette définition, on peut définir l'intelligence, non pas en termes de QI ou de niveau d'intelligence, mais plutôt parler de niveaux de complexité. Ceci permet de catégoriser l'intelligence non selon des niveaux, mais comme un spectre continu lié à la complexité des interactions dans lesquelles les êtres vivants, et même à la limite les machines et les ordinateurs, peuvent y être défini.

Est-ce qu'on peut définir un seuil du niveau de complexité au-delà duquel on peut classifier les êtres dits intelligents et les autres ?

Probablement, mais je pense qu'un modèle inclusif sans frontière permet de mieux comprendre ce qu'est l'intelligence. En ne catégorisant pas les niveaux de complexité de l'intelligence et en les insérant plutôt dans un continuum, on évite ainsi d'entrer dans une ségrégation des êtres vivants et même des hommes entre eux. Dans l'histoire humaine, les tentatives de classification de l'intelligence, comme les hommes blancs et de couleur, ou parmi les hommes et les femmes, ont mené à des discriminations sociales injustes et répressives.

Conditions nécessaires à la création

SI L'ON SUPPOSE QU'UN système dit intelligent peut être représenté par un modèle physique de neurones interconnectés entre eux, on peut alors démontrer que les humains ne sont pas les seuls tributaires de l'intelligence. Il existe des systèmes intelligents dans la plupart des organismes vivants possédant des systèmes plus ou moins complexes.

De plus, on peut même subdiviser chaque être vivant en plusieurs sous-systèmes intelligents. Ainsi, le cerveau humain possède plusieurs zones qui remplissent un rôle spécifique. Certaines zones, comme le cervelet, recueillent toutes les informations transmises par le système sensoriel, la moelle épinière et les autres parties du cerveau. Il joue également le rôle de régulateur des mouvements moteurs. D'autres zones du cerveau sont liées au langage, à la vision et à l'écoute.

L'hémisphère gauche effectue toutes les tâches liées à la logique, comme en sciences et en mathématiques. Par exemple, lors d'une discussion (qui fait appel à la fonction du langage) ou en écoutant l'enseignant, l'hémisphère gauche enregistre et assimile toutes les informations transmises. L'hémisphère gauche est aux commandes du côté droit du corps.

L'hémisphère droit, quant à lui, est notre « cerveau créateur ». Il est impliqué dans la rêverie et l'imagination. Vous sollicitez cette partie de votre cerveau lorsque vous dessinez ou faites appel à votre créativité. Comme vous l'aurez compris, l'hémisphère droit est aux commandes du côté gauche du corps.

Certaines de ces zones, que j'appellerai ici des sous-systèmes intelligents, communiquent les informations directement à l'aide de liens nerveux, mais d'autres utilisent des moyens indirects. On peut dire qu'en général, les personnes qui sont capables d'échanger facilement entre ces zones ont une capacité plus grande de création et d'innovation.

Le résultat de l'évolution ou de la société ?

SI L'ON UTILISE LA définition de l'intelligence selon 8 différents types tels que décrits dans le chapitre précédent, cette définition représente non pas des niveaux d'intelligence, mais plutôt des capacités de haut niveau ou encore des fonctions spécialisées que peut réaliser notre cerveau et qui nous permettent de nous distinguer des autres animaux.

Cependant, certaines de ces capacités sont supérieures chez les animaux. Par exemple, un chien a des capacités intelligentes de détecter et d'identifier des odeurs de façon bien supérieure à ce qu'un humain peut faire. Un faucon à des capacités de reconnaître en mouvement des petits animaux beaucoup plus facilement qu'un humain.

A contrario, l'humain a une capacité de création et d'adaptation beaucoup plus importante que n'importe quel autre animal. Cette capacité lui a permis de se hisser à la tête de la chaîne alimentaire durant son évolution.

Pourquoi alors sommes-nous aussi dominants comme espèce sur la Terre ? Qu'est-ce qui nous différencie des animaux et qui nous permet de bâtir des cathédrales à la gloire de Dieu ? Et pourquoi sommes-nous les seuls à pouvoir bénéficier de ces aptitudes ?

Selon moi, la différence principale vient de notre capacité à créer et innover. Évidemment, on a déjà observé certains animaux faire preuve d'innovation, comme des corneilles qui utilisent par exemple des cailloux pour briser des œufs qu'ils ont volés ou encore des singes qui prennent des brindilles pour aller extraire des fourmis cachées dans un vieux tronc pourri. Cependant, ceci n'a rien à voir avec ce que les humains ont pu créer.

C'est exactement cette capacité unique qu'ont les humains de créer, d'inventer et de modéliser de façon abstraite le monde qui me fascine. Chacun de nous a un potentiel créateur qui lui est acquis. Ce potentiel est le fruit de millions d'années d'évolution et qui nous a permis d'être ce que nous sommes aujourd'hui : l'homo sapiens.

Malgré nos bons principes égalitaires, nous ne naissons pas tous égaux (du moins à ce niveau). Certains ont des capacités créatrices supérieures dans certains domaines, comme la musique ou les mathématiques. On n'a qu'à penser aux enfants prodiges, dont les compositeurs célèbres comme Mozart et Beethoven, ou Blaise Pascal, le mathématicien. Cependant, bien qu'un enfant puisse naître avec des capacités innées hors norme, seulement une infime partie d'entre eux ont laissé leur marque dans l'histoire. Ces capacités innées, programmées dans notre cerveau de façon aléatoire probablement ou par des contraintes génétiques, ne représentent pas évidemment toute l'étendue de ce qu'est l'intelligence humaine.

Cependant, bien que cette condition innée soit nécessaire, elle n'est pas suffisante. La capacité de création et d'invention dépend en grande partie de notre vécu, de notre environnement familial et de notre éducation. La plupart des hommes et des femmes qui ont laissé leur marque dans l'histoire avaient une capacité innée peut-être supérieure à la normale, mais ce qui les a formés, c'est l'expérience acquise. Sans cette expérience, leur cerveau ne se serait pas développé de telle sorte à créer et inventer de nouvelles idées qui ont révolutionné le monde.

Mozart a composé parmi les plus belles musiques de notre histoire et qui sont jouées même plus de 200 ans après sa mort (combien d'artistes aujourd'hui pourront se vanter d'être joués dans 200 ans d'ici ?). Cet artiste exceptionnel avait certainement des aptitudes hors de l'ordinaire au plan musical et de la représentation spatiale, mais ce qui a forgé son intelligence, ce sont ses liens avec son père qui le poussait à travailler sur son clavier et avec la société de l'époque qui adulait les artisans talentueux. En effet, on peut se demander si Mozart aurait eu le même succès, et par le fait même, la même intelligence, s'il était né lors de la deuxième Grande Guerre ou à dans l'Antiquité. Son intelligence a donc été définie en partie par ses capacités cérébrales, mais surtout par ses relations avec la société de l'époque.

Henri Poincaré et Albert Einstein avaient en commun cette conviction (parmi plusieurs autres) que les idées scientifiques, dans l'élaboration des théories physiques et mathématiques, sont des « libres constructions de la pensée ». Ils l'entendent en ce sens qu'elles ne sont pas induites de manière logique et univoque des données de l'expérience, et qu'elles ne sont pas davantage inscrites dans une structure innée ou a priori de la pensée. C'est dans ce néant que l'idée de création, dans le travail scientifique qui mène à la découverte, fait son entrée.

Bien que j'aie beaucoup de respect pour ces deux hommes, je ne suis pas d'accord avec eux. Selon moi, la part de l'expérience personnelle occupe une partie prépondérante dans ce processus, même si l'on n'en a pas conscience. La découverte est conditionnée par les connaissances acquises, l'expérience personnelle et des conditions innées, quoique la contribution de cette dernière soit très faible à mon avis.

Un groupe de recherche en France (Creapro) a tenté de comprendre les processus de création de divers groupes, comme des étudiants, des artistes, des ingénieurs et des scientifiques. Ils ont découvert qu'il n'existe pas un, mais un pluralité de processus de création et que ce processus n'est pas continu, mais hautement non linéaire, c'est-à-dire qu'on a beau suivre une procédure comme la démarche scientifique, les idées peuvent survenir de façon impromptue dans n'importe quelle étape du processus. Les travaux ont mis en lumière également que le processus de création n'est pas tout à fait compris encore et que plusieurs chemins sont possibles et peuvent dépendre du vécu de chacun.

Grandir et créer

NOTRE MÉMOIRE EST DEPUIS notre naissance constamment stimulée par diverses connaissances et expériences. Au début, ces expériences sont plutôt d'ordre sentimental, comme l'amour ou la colère. Par la suite, le langage nous permet de transmettre des concepts plus précis, comme « j'ai faim » et « qu'est-ce qu'on mange pour souper ? » (plus à l'adolescence.) On se rend bien compte que si l'on avait juste le langage, le transfert des connaissances d'une génération à une autre serait assez limité.

Par la suite, on va à l'école et l'on apprend à lire et à écrire. On apprend alors des milliers de trucs auxquels on n'avait jamais pensé auparavant. Grâce à l'écriture, on mémorise une quantité phénoménale de nouveaux concepts que l'on ne pouvait pas imaginer tant que nos connaissances basées sur notre expérience n'étaient pas suffisantes. On apprend que la Terre est ronde et qu'elle tourne autour du Soleil, même si l'on n'est jamais allé dans l'espace.

On nous habitue à « croire » que tout ce qu'on raconte dans les livres est vrai. Certains, qui continuent leur apprentissage, apprennent également à mettre en doute ces connaissances. Mais ce n'est pas grave, car toutes ces connaissances vraies ou fausses sont nécessaires pour créer.

On continue d'apprendre et l'on mémorise des choses qui viennent enrichir notre esprit. Plus nous vieillissons, plus nos expériences personnelles viennent également bonifier nos connaissances et nous aident à les structurer. On apprend à conduire une automobile, à aimer la musique ou les grands vins et à apprécier le sourire des enfants. Toutes ces expériences sont ce qui nous définit et forme notre personnalité.

Le génie Thomas Edison, inventeur de l'ampoule électrique, du gramophone et de l'électricité à courant continu, devait être un enfant d'intelligence moyenne durant son enfance. C'est durant sa période adulte qu'il a su développer le plein potentiel de son cerveau créateur. Il a également démontré que la création et l'invention se produisent la plupart du temps en suivant un processus méthodique et scientifique. Afin de créer l'ampoule électrique incandescente, il a dû tester des milliers de matériaux différents pour le filament de l'ampoule avant de trouver le bon. Il testa plus de 6000 matériaux différents. Une anecdote raconte que, bien qu'on utilise aujourd'hui le tungstène dans les ampoules modernes (avant l'arrivée des ampoules DEL), un des matériaux qui donnait de meilleurs résultats était le bambou.

Les conditions gagnantes

SELON MOI, ON PEUT prétendre que la capacité de création et d'invention chez les êtres vivants est conditionnée par trois grands principes :

1) la capacité de communiquer par un langage évolué et l'écriture ;

2) la capacité de modifier notre environnement ;

3) et finalement, des motivations simples, comme la peur de mourir et la volonté de survivre, ou plus complexes, comme la résolution d'un problème mathématique.

Dans toutes les espèces vivantes sur terre, seul l'humain possède les trois. Certains animaux comme les éléphants ou les dauphins ont des mémoires supérieures à celle des humains, mais n'ont pas de membres leur permettant de modifier ou de fabriquer quoi que ce soit. Les singes ont des mains similaires à celles des humains, mais leur langage n'est pas assez évolué pour échanger des idées et collaborer sur des créations.

On ne sait pas trop comment les humains ont pu développer un langage aussi évolué par rapport aux autres êtres vivants. Le fait est que nous sommes la seule espèce vivante qui peut produire des sons aussi variés afin de communiquer, ce qui nous permet d'échanger des idées. Il est probable que les premiers hommes ne possédaient pas un vocabulaire très élaboré, mais que le langage a évolué par la nécessité de vivre en société.

À l'aube de l'humanité, les connaissances étaient transmises de génération en génération par la tradition orale. En général, la tradition orale remplissait deux buts complémentaires : la transmission d'informations historiques sous forme de légendes et de mythes, et une fonction de gouvernance et d'éducation afin de transmettre les us et coutumes d'une génération à l'autre. Par tradition orale, la transmission de la culture se faisait souvent, soit sous forme d'histoires, soit de chansons, car elles étaient plus faciles à retenir.

Cependant, la quantité d'informations pouvant être transmises d'une génération à l'autre était plutôt limitée. Jusqu'à l'invention de l'écriture par les Sumériens. C'est dans les restes des temples des cités d'Uruk et de Lagash (l'actuel Irak) qu'on retrouve les premières traces d'écriture. Elles sont datées de 3300 ans av. J.-C. Les Sumériens utilisaient des roseaux taillés en pointe pour tracer les signes sur des tablettes d'argile.

Les premiers exemples d'écriture sont des pictogrammes utilisés par les responsables des temples pour suivre les entrées et les sorties des réserves de céréales et d'animaux de la ville qui, dans les grands centres urbains sumériens comme Ur, étaient suffisamment importantes pour que le comptage par la mémoire ne soit pas fiable.

L'écriture a permis de transmettre beaucoup plus facilement les connaissances acquises d'une génération à une autre. Lorsque les anciens Mésopotamiens ont commencé à s'installer dans les fermes entourant les premières villes, la vie est devenue un peu plus compliquée. L'agriculture exigeait une expertise et une tenue de registres détaillée, deux éléments qui ont conduit directement à l'invention de l'écriture et des mathématiques, selon les historiens.

Malheureusement, depuis l'Antiquité jusqu'à tout récemment, la lecture et l'écriture n'étaient pas destinées aux masses. La vie quotidienne en Mésopotamie et en Égypte prenait beaucoup de temps, et l'écriture est donc devenue une profession spécialisée, généralement réservée aux membres de l'élite. Les scribes très estimés de l'ancienne Mésopotamie étaient même représentés dans l'art portant des instruments d'écriture cunéiforme (un peu comme un jeu de baguettes) à la ceinture en signe d'importance. Dans la plupart des sociétés, l'alphabétisation est restée un privilège réservé aux hommes de l'aristocratie jusqu'au XIXe siècle, lorsque l'enseignement public s'est généralisé dans le monde.

Sans le langage et l'écriture, les connaissances des humains seraient toujours au même point et l'innovation ne serait pas possible, peu importe la grosseur de notre cerveau. Le premier homme qui a trouvé la façon de créer du feu avec des pierres a pu faire bénéficier son invention aux générations suivantes grâce au langage et à la tradition orale. Sans cela, on se demanderait encore aujourd'hui comment faire pour chauffer sa soupe.

Suivant la première condition qu'étaient les capacités de communication, la seconde condition à la création est la capacité de modifier ou d'adapter son environnement. Car disons-le, si les humains avaient des ailes au lieu des mains, nos réalisations seraient beaucoup moins impressionnantes.

L'homme possède deux mains disposant d'une multitude d'actions. Chaque main comporte cinq doigts : le pouce, l'index, le majeur, l'annulaire et l'auriculaire. La main comporte vingt-sept os et une multitude de muscles qui y sont rattachés.

Ces mains sont très évoluées chez l'homme et elles servent principalement à attraper des objets, mais aussi, elles sont un moyen d'expression et sont essentielles pour le sens du toucher. Les scientifiques pensent que sans l'évolution de la main telle qu'on la connaît de nos jours, l'homme n'aurait pas pu évoluer de cette façon.

On sait depuis plusieurs années que les membres des vertébrés, incluant nos bras et nos jambes, ont comme ancêtres les nageoires des poissons. L'évolution qui a conduit à l'apparition des membres, et tout particulièrement l'apparition des doigts chez les vertébrés, reflète un changement du corps associé à un changement d'habitat, la transition du milieu aquatique au milieu terrestre.

L'hypothèse de la savane originelle a longtemps été la théorie la plus couramment acceptée et enseignée. Selon cette théorie, l'ancêtre de l'homme aurait appris à marcher parce que la forêt reculait au profit de la savane dans l'Afrique de l'Est. Mis à part le fait qu'il n'y aurait plus eu d'arbres sur lesquels grimper, la station debout aurait alors eu de multiples avantages, comme le transport d'outils ou d'armes imposé par le nomadisme de la vie de savane et qui a fait améliorer de façon indirecte la dextérité de nos mains.

Finalement, outre les capacités de communiquer et de transformer les choses, la raison principale qui pousse un être intelligent à créer est liée initialement à sa motivation principale : sa survie. On peut imaginer facilement que l'innovation est apparue chez les humains par nécessité. Leurs capacités de communiquer et manipuler des objets leur ont permis de créer des armes qui leur permettaient de chasser et donc de survivre. De plus, les prédateurs et les ennemis omniprésents au début les ont obligés à créer des techniques de protection et de guerre.

La sédentarisation de l'homme lui a permis de créer des communautés, des villages et éventuellement des villes. Cette socialisation nous a permis d'échanger beaucoup plus souvent avec nos semblables. Par la création des groupes sociaux, les humains ont pu se protéger ensemble, et la nécessité de survivre a pu laisser sa place à d'autres nécessités, comme le commerce, les loisirs et les arts.

Le commerce entre les gens de différents villages a permis de mettre en place les conditions nécessaires pour des innovations, comme l'argent et les mathématiques. L'enrichissement de certains leur a permis de stimuler la création artistique.

Lorenzo de Medici était l'un de ceux-là. Lorenzo de Medici, dit « Le Magnifique », est né à Florence en 1449 et l'un des membres les plus célèbres et les plus vénérés de la famille Médicis. Il a joué un rôle essentiel dans les jeux politiques de l'Italie et la vie culturelle de Florence, et a été l'un des principaux mécènes de la Renaissance florentine. Il a permis à des artistes tels que Leonardo Da Vinci,

Raphaël et Michelangelo de briller en innovant dans leur art. Son histoire, fascinante et celle de sa famille gagnent à être connue.

Par ces nombreux exemples, on se rend compte très vite que l'innovation qui démarque les humains des autres êtres vivants est surtout liée à leur socialisation qui a permis d'échanger des idées entre les gens. Nos idées ne sont plus seulement alimentées par nos expériences personnelles, mais par nos relations avec les autres. Grâce à la socialisation, l'intelligence humaine est passée à un autre niveau.

La dynamique de l'innovation

COMME ON L'A VU PRÉCÉDEMMENT, le cerveau humain est constitué de divers systèmes intelligents ayant chacun une fonction spécifique et spécialisée. La création ou l'innovation se produit lorsqu'il y a des échanges d'informations directement ou indirectement entre ces différentes zones. L'échange continu de ces informations nerveuses alimente la partie droite du cerveau, siège de la créativité.

On pourrait penser alors que l'innovation est le résultat d'un processus complètement aléatoire généré par l'interaction de divers systèmes intelligents. Évidemment, ce n'est pas le cas. Les échanges sont contraints par les capacités internes de chaque système (contraintes intrinsèques) et par les contraintes externes ou extrinsèques, comme la peur et le plaisir ou les pressions sociales. Ces contraintes internes et externes peuvent nous pousser à créer, mais peuvent parfois inhiber nos envies.

J'entends comme contraintes internes ou intrinsèques toutes les limitations mentales d'un individu. Ces limitations peuvent provenir d'un manque d'éducation, d'une moins bonne capacité de mémoriser les événements et peuvent être limitées aussi par le manque d'expérience. C'est avec l'expérience et l'acquisition de connaissance que les gens se bâtissent une mémoire individuelle qui alimente la création.

Les contraintes externes sont tous les éléments qui inhibent les individus à exercer le processus de création et d'échange d'idées. On sait pertinemment que durant le Moyen Âge, l'Église et les monarchies ont contraint les individus à vivre selon une certaine morale qui ne valorise pas du tout l'innovation, sauf peut-être dans les arts. De plus, la lecture et l'écriture qui permettent d'aller chercher des connaissances autres sans vivre les expériences proprement dites étaient réservées à une élite. Il y a évidemment d'autres facteurs socio-économiques, comme le niveau de vie ou la situation familiale, qui entrent en jeu et qui peuvent inhiber la motivation essentielle à la création.

Avant de parler des liens entre l'intelligence et la création, je tenterai dans le chapitre suivant, de décrire ce qu'est l'intelligence artificielle et tenterai de démontrer les capacités et aussi les limitations de ces systèmes numériques.

L'intelligence artificielle

Le jeu de l'imitation

Dans son ouvrage des années 1950, *Computing Machinery and Intelligence*, Alan Turing, considéré par plusieurs comme le père de l'intelligence artificielle, a posé la question suivante : « Les machines peuvent-elles penser ? »

Cette question, malgré sa brièveté, reste encore une source fréquente de discussions, naviguant à la frontière entre technologie, philosophie, neurosciences et théologie. Cependant, il y a plus d'un demi-siècle, Turing a proposé une manière indirecte d'y répondre par le biais du célèbre test de Turing.

Turing pensait que pour répondre à cette question sans ambiguïté, il fallait reformuler la question elle-même, en précisant ou en remplaçant le sens des mots « penser » et « machines ».

« Une machine peut-elle faire ce que nous, en tant qu'entités pensantes, pouvons faire ? »

En d'autres termes, une machine peut-elle mimer ou imiter une personne ? La réponse à cette question se trouve dans *The Imitation Game*.

Le test proposé par Turing se présente sous la forme d'un jeu comportant trois joueurs qui ne sont pas ensemble dans la même pièce : un interrogateur pose des questions textuelles à un homme et une femme, pour déterminer leur sexe sur la base de leurs réponses (un peu sexiste comme jeu, disons-le). Toutefois, il est demandé ici à l'homme de se faire passer pour une femme afin de compliquer le jeu et de rendre plus difficile la distinction. Une fois la première partie terminée, on remplace l'homme par un ordinateur avec toujours pour rôle de se faire passer pour une femme. À la fin, on compare la performance humain-machine à ce jeu d'imitation pour décrire le niveau de cette intelligence artificielle. Dans une autre version, l'interrogateur affronte seul un ordinateur chargé de le convaincre qu'il est humain. Le but pour la machine n'est pas de donner des réponses correctes aux questions, mais de fournir des réponses ressemblant à celles qu'un humain donnerait.

Il est considéré que le test de Turing est réussi dès lors que l'évaluateur n'est pas en mesure de distinguer de façon fiable la machine du joueur humain. Le premier programme à y être parvenu est ELIZA, une intelligence artificielle écrite par Joseph Weizenbaum en 1966. Un autre programme similaire, PARRY de Kenneth Colby, a passé ce cap en 1972. De nos jours, des centaines de « chatbots » sont capables de tromper les êtres humains.

La base d'abord

L'INTELLIGENCE ARTIFICIELLE (ou IA) désigne la catégorie de l'informatique qui cherche à imiter les fonctions de l'intelligence humaine au sein des systèmes informatiques. Ce sont des programmes informatiques qui roulent sur des ordinateurs, qui comprennent diverses méthodes, comme entre autres l'apprentissage automatique et l'apprentissage profond (*Deep Learning*). Pour les personnes extérieures au monde de l'informatique, cela peut sembler menaçant, comme si l'intelligence humaine pouvait être remplacée par des machines. Mais c'est loin de ce à quoi sert réellement l'IA.

Durant toute notre vie, nous apprenons et mémorisons de nouvelles connaissances grâce aux milliards de neurones qui sont dans notre cerveau. De la même façon, les applications de l'IA utilisent des réseaux de neurones artificiels pour « apprendre » à mémoriser et à reconnaître des visages, des textes ou des idées.

Contrairement aux ordinateurs qui ne font que répéter ce que les programmeurs leur ont dicté, les applications de l'IA peuvent « s'autoprogrammer » en analysant des images, ou en lisant des textes ou en écoutant votre voix. Elles savent reconnaître ce qui différencie un chat d'un chien juste en observant des milliers d'images de ces animaux.

Les applications sont déjà très nombreuses et connues. Certaines applications maintenant disponibles sur vos téléphones portables sont capables de reconnaître votre visage et de détecter vos émotions. Vous pouvez maintenant converser avec votre téléphone, ou encore lui dicter un message grâce aux algorithmes de reconnaissance vocale.

Mais cette technologie peut faire encore de plus grandes choses. Elle est capable de détecter des tumeurs cancéreuses de façon plus efficace qu'un radiologue. Elle peut conduire seule votre voiture, débattre d'un sujet particulier, donner son avis sur un jugement légal, ou encore rédiger de toutes pièces des articles de journaux.

Un bref retour en arrière

L'IDÉE QUE DES OBJETS inanimés puissent prendre vie en tant qu'êtres intelligents existe depuis longtemps. Les Grecs anciens avaient des mythes sur les robots, et les ingénieurs chinois et égyptiens ont construit des automates.

En 1771, La *Gazette du commerce* fait mention d'une curieuse attraction qui, depuis un an, fait sensation à la cour de Vienne. Il s'agit d'un automate capable de jouer aux échecs, lequel se présente sous la forme d'un mannequin moustachu et portant un turban, assis devant un petit meuble surmonté d'un échiquier. En réalité, le mécanisme n'était qu'une illusion servant à masquer la profondeur réelle du meuble. Ce dernier possédait un autre compartiment secret dans lequel un vrai joueur pouvait se glisser et manipuler le mannequin sans être vu de quiconque. L'automate était alors capable de jouer une vraie partie d'échecs contre un adversaire humain. Grâce au talent de ses joueurs cachés, le Turc mécanique remporte la majorité des parties d'échecs auxquelles il participe.

Bien que l'intelligence artificielle remonte aux tentatives des philosophes classiques, de décrire la pensée humaine comme un système symbolique, le terme « intelligence artificielle » a été inventé en 1956, lors d'une conférence au Dartmouth College, à Hanover, dans le New Hampshire. Le spécialiste des sciences cognitives du MIT, Marvin Minsky, et d'autres participants à la conférence étaient extrêmement optimistes quant à l'avenir de l'IA (peut-être un peu trop). Selon lui, le problème de la création de l'« intelligence artificielle » sera en grande partie résolu dans une génération. Comme on le verra plus loin, on est encore loin du compte.

Mais la réalisation d'un être artificiellement intelligent n'était pas si simple. Après une période de 1974 à 1980, connue sous le nom d'« hiver de l'IA », le domaine a ensuite été relancé dans les années 1980, lorsque le gouvernement britannique a recommencé à le financer, en partie pour concurrencer les efforts des Japonais.

Le domaine a connu un autre hiver important de 1987 à 1993, qui a coïncidé avec l'effondrement du marché de certains des premiers ordinateurs à usage général et la réduction des financements publics.

Mais la recherche a ensuite repris en 1997, où le superordinateur Deep Blue d'IBM est devenu le premier ordinateur à battre aux échecs le grand maître russe Garry Kasparov. En 2011, l'ordinateur Watson remporte le jeu télévisé « Jeopardy » en battant les champions en titre Brad Rutter et Ken Jennings.

Cependant, ce n'est que très récemment que l'on a vu une percée majeure dans le développement d'algorithmes intelligents. C'était en 2012, la troisième année du concours annuel ImageNet qui mettait au défi des équipes de construire des systèmes de vision par ordinateur capables de reconnaître plus de 1000 objets, des animaux aux paysages en passant par des personnes.

Les deux premières années, les meilleures équipes n'avaient même pas réussi à atteindre une précision de 75 %. Mais lors de la troisième année, un groupe de trois chercheurs — un professeur et ses étudiants — a soudainement dépassé ce plafond. Ils ont remporté la compétition avec un écart stupéfiant de 10,8 points de pourcentage. Ce professeur était Geoffrey Hinton, et la technique qu'ils ont utilisée s'appelle l'apprentissage profond ou « *Deep Learning* ».

La quatrième année du concours ImageNet, presque toutes les équipes utilisaient l'apprentissage profond et obtenaient des gains de précision miraculeux. Très vite, l'apprentissage profond a été appliqué à des tâches autres que la reconnaissance d'images, et ce, dans un large éventail de secteurs.

En 2019, pour ses contributions fondamentales au domaine, M. Hinton a reçu le prix Turing, l'équivalent du Nobel en informatique, aux côtés d'autres pionniers de l'IA, soit Yann LeCun et Yoshua Bengio.

Un autre grand pas qui a permis l'avancement rapide de l'IA est le développement d'ordinateurs de plus en plus performants. Grâce à l'avancement exponentiel des performances des ordinateurs, et spécifiquement l'utilisation des cartes graphiques utilisées dans les jeux vidéo, on a commencé à s'intéresser de plus en plus à l'intelligence artificielle et à développer très modèles de plus en plus complexes. Ces cartes graphiques ou GPU (pour *Graphic Processing Unit*) ont la capacité de faire des calculs en parallèle et se sont montrées très performantes pour le processus d'apprentissage des réseaux de neurones qui peut parfois être très long à calculer.

En 2012, Google a relié 16 000 processeurs d'ordinateurs, leur a donné accès à l'Internet et a regardé les machines apprendre par elles-mêmes (en regardant des millions de vidéos YouTube sélectionnées au hasard) à identifier... des chats. Ce qui peut sembler ridiculement simpliste est en fait une avancée scientifique tout à fait bouleversante.

En dépit de l'exploit, qui prouve que les programmes d'apprentissage profond deviennent de plus en plus rapides et précis, les chercheurs de Google savaient qu'il ne s'agissait que d'un début, de la partie émergée de l'iceberg. Depuis, Google, Facebook, Microsoft et presque tous les autres géants de la technologie se sont lancés dans une ruée vers l'or de l'apprentissage profond, se disputant le petit groupe d'experts mondial. Les « *startups* » d'apprentissage profond, financées par des centaines de millions de dollars de capital de risque, se multiplient.

Comment ça fonctionne

LES ALGORITHMES D'INTELLIGENCE artificielle sont basés sur des modèles mathématiques calqués sur les réseaux de neurones naturels que l'on retrouve entre autres dans notre cerveau. Ce type de réseau comprend des cellules spécialisées appelées neurones et qui échangent de l'information entre elles à l'aide d'axones. L'axone ou fibre nerveuse est le prolongement du neurone qui conduit le signal électrique d'une cellule à l'autre.

Lorsqu'un enfant voit un chat pour la première fois, les neurones de sa mémoire « enregistrent » cet événement en renforçant les liens entre certains neurones. Durant son enfance, un humain apprend à reconnaître des chats et en les associant au mot « chat ». Cette association devient si forte que lorsqu'on voit un autre chat, on peut tout de suite le nommer.

Les réseaux de neurones artificiels fonctionnent un peu sur le même principe que leur pendant naturel. Ils sont en fait représentés par des fonctions mathématiques non linéaires qui simulent la réaction naturelle des neurones. Ces modèles mathématiques sont représentés souvent sous forme graphique par des cercles, interreliés entre eux par des liens. Chaque lien à un poids est une valeur qui multiplie la valeur de sortie de chaque cercle.

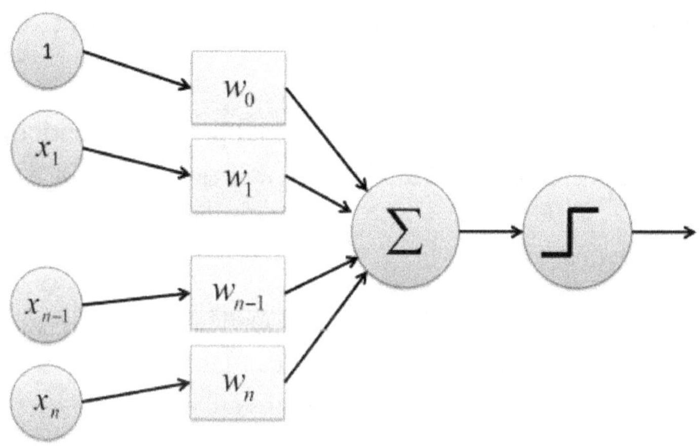

Réseau de neurones de base (Source : DeepAI)

DANS UN RÉSEAU SIMPLE, on aura souvent une matrice d'entrée représentant les valeurs à l'entrée (ex. image de chat), une couche de neurone intermédiaire et une « couche de sortie » représentant la classe (ou le mot « chat »).

Lorsque j'étais étudiant au doctorat, un des chercheurs de notre département travaillait sur les yeux de drosophiles, ou communément appelés la mouche. Sa recherche visait à modéliser les réseaux de neurones de ces petits insectes, spécifiquement les neurones attachés à son œil. À l'aide de sondes miniatures, il enregistrait la forme des signaux électriques lorsque les cellules étaient soumises à une lumière intense. À l'aide de ces mesures, il a été capable de reproduire en partie, sous forme de neurones artificiels numériques, le système nerveux de la mouche.

Il a remarqué entre autres que l'une des spécificités de l'œil d'une mouche est de reconnaître le mouvement rapide. C'est effectivement grâce à cette particularité que cet insecte a pu survivre, car la détection rapide d'un objet qui approche, comme la queue d'un cheval ou une tapette à mouches, lui permet de réagir promptement et de s'enfuir avant de se faire écraser.

Bref, c'est grâce à ces recherches que les premiers scientifiques ont pu développer les bases de l'intelligence artificielle.

Le cyberartiste

L'INTELLIGENCE NE SERT évidemment pas seulement à reconnaître des chats (heureusement !). Un pan entier de la recherche en IA vise à développer des applications qui peuvent générer des œuvres artistiques.

En 2015, le milliardaire excentrique Elon Musk fonde, avec d'autres de ses amis, la compagnie OpenAI basée à San Francisco. L'objectif de cette société à but non lucratif est de « promouvoir et développer une intelligence artificielle qui bénéficiera à toute l'humanité » (et probablement un peu à lui aussi). Certains travaux de recherche publiés par cette entreprise sont assez étonnants.

OpenAI a mis au point une intelligence artificielle nommée GPT-2 suivie de GPT-3 capable d'écrire des articles de presse et des œuvres de fiction. Reposant sur un générateur de texte qui assimile les mots reçus et détermine la suite la plus logique qu'elle retransmet dans le même style, elle s'avère particulièrement performante, à tel point qu'il est impossible de faire la différence avec un texte écrit par un être humain.

Au niveau des arts plastiques, les réseaux GAN ou *Generative Adversarial Network* (réseau antagoniste génératif) sont une technique d'intelligence artificielle permettant de créer des imitations parfaites d'œuvres artistiques. Par exemple, en entraînant le réseau à reconnaître les œuvres d'un peintre célèbre, le réseau est capable d'extraire les caractéristiques essentielles de chaque œuvre. Par la suite, il peut appliquer ces styles à des images ou des photographies afin de créer un nouveau tableau dont le style s'apparente aux grands maîtres impressionnistes, par exemple.

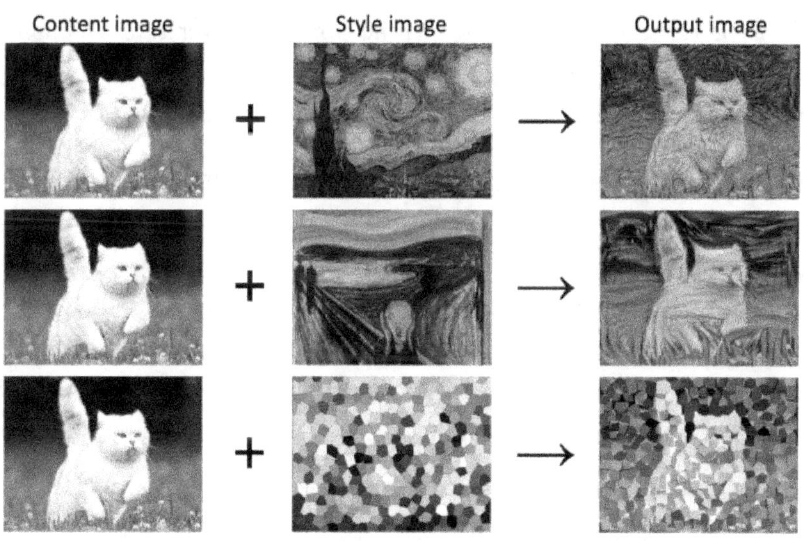

Transfert de style par réseaux GAN (Source : GoDataDriven.com)

UNE ŒUVRE PEINTE PAR une intelligence artificielle a été vendue aux enchères à plus de 430 000 dollars à New York. À la question, déjà délicate, de savoir si les productions de l'intelligence artificielle relèvent de l'art, s'ajoute une nouvelle polémique sur la paternité de l'algorithme utilisé pour générer l'œuvre. Le code aurait en effet été emprunté à un artiste américain de 19 ans qui l'avait publié au début de 2018.

Robocop

OUTRE LE DOMAINE DES arts, l'IA est utilisée dans le domaine de la sécurité pour reconnaître et identifier les personnes à partir d'images vidéo. Grâce à ces algorithmes, les systèmes de reconnaissance faciale peuvent détecter et identifier les personnes dans une foule à partir des réseaux de caméras de surveillance installées partout dans les grandes villes du monde. Ce type de système est basé sur l'intelligence artificielle et a un taux de réussite d'identification allant de 80 à 95 %.

Ce type de technologie, bien qu'utile pour retrouver rapidement les bandits, suscite déjà des polémiques sur les droits à la vie privée des citoyens et les dérives que peut générer ce type de technologie.

En février 2019, un homme supposément recherché par la police fut arrêté et amené en prison. Les chefs d'accusation étaient graves : voies de fait graves, possession illégale d'armes, utilisation d'une fausse carte d'identité, possession de marijuana, vol à l'étalage, abandon de la scène d'un crime, résistance à l'arrestation. En plus de cela, l'homme était accusé d'avoir presque renversé un policier avec sa voiture. L'homme passa 11 jours en prison avant d'être relâché et blanchi de toute accusation.

Selon le rapport de police, la preuve présentée par les policiers qui a conduit à l'arrestation de l'homme était une « comparaison à haut degré de confiance » à partir d'une numérisation de reconnaissance faciale d'une photo de ce qui a été déterminé comme étant une fausse carte d'identité laissée sur la scène du crime et que les témoins ont reliée au suspect. La correspondance de la reconnaissance faciale était suffisante pour que les procureurs et un juge signent son arrestation.

C'est ce que craignent certains opposant à cette technologie si la police adopte des formes avancées de reconnaissance faciale qui facilitent la recherche de criminels recherchés, de personnes disparues et de terroristes présumés, tout en élargissant la capacité du gouvernement à surveiller secrètement le public.

L'IA peut également détecter et classifier les véhicules automobiles et contrôler la durée des feux de circulation en fonction de la densité de trafic. Un de mes projets réalisés il y a quelques années portait justement sur ce type d'application. Le système d'IA permettant de mesurer le flux de trafic à partir de l'analyse d'images provenant de caméras de surveillance installées à chaque intersection le long de grands boulevards urbains. Les données du volume de véhicules passant dans chaque direction étaient transmises à un ordinateur central qui ajustait dynamiquement la durée des feux de la circulation aux intersections, l'objectif étant de réduire le temps d'attente des automobilistes. Le système déployé en Californie à plus d'une centaine d'intersections, parmi les plus fréquentées des États-Unis, a permis de constater une diminution de 3 % des arrêts. Cela représente 18 000 arrêts de véhicules en moins chaque jour.

Le cyberdocteur

DANS LE DOMAINE MÉDICAL, l'intelligence artificielle offre aux radiologues une occasion unique d'améliorer la qualité des soins et de renforcer la valeur de la radiologie dans les soins aux patients et la santé de la population. L'opportunité potentielle de l'IA pour aider au triage et à l'interprétation des radiographies conventionnelles (images radiologiques) est particulièrement importante, car les radiographies sont les examens d'imagerie les plus couramment réalisés dans les services de radiologie. Des progrès substantiels ont été faits ces dernières années dans le développement d'algorithmes d'IA pour l'analyse des radiographies pulmonaires et musculo-squelettiques, l'apprentissage profond étant désormais l'approche dominante pour l'analyse des images.

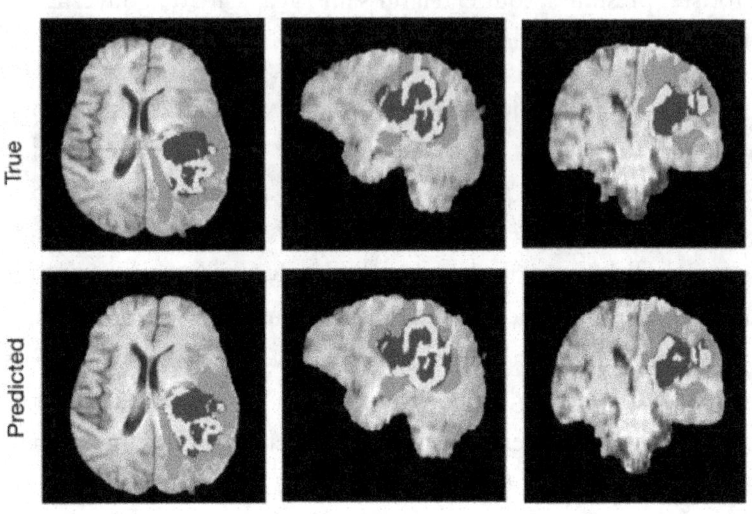

Segmentation automatique de tumeurs au cerveau par IA (Source : NVDIA Développer).

Le planificateur aérien

LE BOULEVERSEMENT DES méthodes d'IA concerne aussi les secteurs de l'aéronautique et de l'aviation. L'analyse des données massives permet aux compagnies aériennes de répondre promptement à la demande actuelle et future du marché. Elle permet aussi d'améliorer la planification et de prendre de meilleures décisions, mais aussi de mieux comprendre et de mieux surveiller les principaux facteurs de performance propres à cette industrie. Ce nouvel atout permet aux entreprises de ce secteur de réduire leurs coûts d'exploitation, d'améliorer leur service client, de prendre le dessus sur la concurrence et d'augmenter leur marge de bénéfices.

Le cyberchauffeur

DANS LE DOMAINE DES transports, on a vu ces dernières années plusieurs compagnies, comme Google, Tesla et plusieurs compagnies automobiles, se lancer dans le développement de prototypes de véhicules autonomes. Une voiture autonome est un véhicule capable de détecter son environnement et de fonctionner sans intervention humaine grâce à l'IA. Il n'est pas nécessaire qu'un passager humain prenne le contrôle du véhicule à tout moment ni qu'il soit présent dans le véhicule. Une voiture autonome peut aller partout où va une voiture traditionnelle et faire tout ce que fait un conducteur humain expérimenté. La Society of Automotive Engineers (SAE) définit actuellement 6 niveaux d'automatisation de la conduite allant du niveau 0 (entièrement manuel) au niveau 5 (entièrement autonome).

Voiture autonome (Source : Waymo)

L'assistant vocal

POUR LIRE ET COMPRENDRE un mot ou une phrase, il faut non seulement connaître la langue dans laquelle il est écrit, mais aussi avoir une compréhension de base du sujet traité. Aujourd'hui, l'IA n'a toujours pas le bon sens nécessaire pour comprendre le langage humain complètement. Si de grands progrès ont été réalisés dans la reconnaissance d'images, nous n'obtenons toujours pas les mêmes résultats lorsqu'il s'agit de la compréhension du langage et ses subtilités. Cependant, le traitement du langage naturel (*Natural Language Processing* ou NLP) a parcouru un long chemin ces dernières années.

Je me souviens à une époque pas si lointaine où il fallait entraîner l'algorithme à reconnaître notre voie en dictant des mots. Celui-ci pouvait alors reconnaître notre voie, mais pas nécessairement celle des autres. Les performances n'étaient pas toujours au rendez-vous. Aujourd'hui, la plupart des logiciels de reconnaissance sont capables de reconnaître tous les types de voies, avec n'importe quel accent.

Les exemples les plus populaires de la NLP en action sont probablement les assistants vocaux, comme Google Assist, Siri et Alexa. La NLP comprend et traduit le langage humain, comme « Hey, Siri, où se trouve la station-service la plus proche ? », en représentations numériques, ce qui permet aux machines de les comprendre facilement. Une autre application bien connue de la NLP est les « chatbots », qui peuvent vous aider à résoudre des problèmes tout en tenant une conversation simple. Ce type d'application est maintenant courante sur la majorité des sites Web.

Aujourd'hui, les moteurs de recherche permettent de faire des recherches sur le Web de façon rapide et efficace. Vous tapez un mot ou une série de mots-clés et l'algorithme vous donne tous les sites pouvant avoir un lien avec ce que vous recherchez. Non seulement l'intelligence artificielle protège les moteurs de recherche contre les manipulations, mais elle les aide aussi dans leurs algorithmes de classement. Il est difficile de dire quel rôle l'intelligence artificielle joue dans ce domaine, mais les moteurs de recherche l'utilisent sans aucun doute pour améliorer vos recherches. De plus, les moteurs de recherche utilisent de plus en plus les algorithmes d'analyse du langage naturel pour mieux comprendre l'intention de celui ou celle qui fait la recherche. Ces algorithmes tiennent compte également de votre historique de navigation afin de comprendre votre question. Par exemple, si vous êtes allé faire un tour sur un site d'achat d'outils pour la rénovation, il y a fort à parier que Google vous suggère des sites similaires lors de votre prochaine recherche et que vous receviez des publicités sur les outils grâce à l'IA.

Un monde statique

IL RESTE ENCORE BIEN des choses à découvrir dans le domaine fabuleux de l'IA. La plupart des méthodes d'intelligence artificielle développées jusqu'à maintenant sont assez performantes pour reconnaître des objets ou des personnes à partir d'une image, des événements dits instantanés, c'est-à-dire qu'on n'a besoin en principe que d'une seule image pour reconnaître ces objets. Il est beaucoup plus difficile de reconnaître des événements dans le temps, comme les mouvements de danse ou le langage des signes des malentendants. C'est ce qu'on appelle la causalité. Ces formes, que l'on peut qualifier de dynamiques, nécessitent l'analyse d'une séquence d'images où l'on doit dans chaque image reconnaître les objets (ex. le danseur ou les mains), mais aussi comprendre et caractériser la trajectoire de ces objets et leur contexte dans lequel ils évoluent afin de les identifier.

Prenons l'exemple où l'on veut reconnaître quelle danse un couple est en train de faire à partir d'une séquence vidéo : salsa, valse, disco, etc. Il faut d'abord que l'intelligence artificielle reconnaisse les deux personnes dans les images, leur position l'une par rapport à l'autre, les mouvements de leurs pieds, la position de leurs bras, le rythme de leur balancement. De plus, on interprète le type de danse en reconnaissant aussi le type de musique basé sur le rythme, la mélodie ou le type d'instrument joué. On voit très vite que pour la reconnaissance d'une chose qui nous paraît si simple, il faut combiner différents réseaux de neurones artificiels spécialisés afin de faire le travail. Le cerveau humain utilise naturellement les informations interprétées par nos différents réseaux de neurones afin de réaliser cette tâche.

Stupidité artificielle

DANS LE MONDE DE LA recherche appliquée où je travaille, on ne cesse de parler de l'IA. La plupart de mes clients veulent une solution à leur problème intégrant des algorithmes d'IA. Les firmes d'investissement en capital de risque ne carburent qu'avec l'IA. Même les organismes gouvernementaux qui financent la recherche nous demandent de mettre de l'IA dans nos propositions. Au Canada, le gouvernement investit des centaines de millions dans la recherche en IA. Les pôles de recherche en IA les plus importants au monde sont situés entre autres à Montréal et à Toronto. Dans le monde, les Chinois et les Américains investissent des sommes colossales dans le développement de cette nouvelle technologie. Assistons-nous à une bulle spéculative comme on l'a vu avec les télécommunications et l'Internet au début des années 2000 ? Seul l'avenir nous le dira.

Mais malgré tous les avancements spectaculaires des dernières années dans le monde de l'IA, peut-on parler vraiment « d'intelligence » quand on parle de ces programmes d'ordinateur ? Pour le savoir, revenons sur les critères de base servant à définir les systèmes intelligents :

- **La capacité de communiquer par un langage évolué** : Oui, les ordinateurs communiquent entre eux de façon constante. Ils échangent des téraoctets d'information chaque jour via le réseau Web d'une envergure mondiale. Mais les messages qu'ils échangent sont très factuels et ne représentent pas grand-chose pour les ordinateurs. La plupart des programmes informatiques n'interprètent pas ou peu les données transmises d'un ordinateur à l'autre. Le niveau d'interprétation des données est limité souvent à des applications spécifiques où les résultats sont prévisibles. Certains algorithmes d'IA sont capables d'interpréter les données afin d'en extraire l'essence. Le cas de Cambridge Analatica (voir le chapitre sur les dérives) est un exemple où l'on a utilisé des informations diverses récoltées sur les réseaux sociaux afin de prédire les tendances des votes des Américains. Dans le langage naturel des humains, chaque mot et phrase que l'on dit sont chargés d'un contexte et d'une sensibilité que l'on ne retrouve pas dans les données boursières échangées entre deux ordinateurs, par exemple. Les derniers développements en IA ont permis aux ordinateurs de communiquer plus efficacement avec les humains grâce aux interfaces en langage naturel. Cependant, il manque encore beaucoup de recherche avant que les ordinateurs puissent vraiment comprendre toutes les subtilités de notre langage.

- **La capacité de modifier notre environnement** : Dans le monde réel, les ordinateurs peuvent d'une certaine façon modifier l'environnement réel grâce à la robotique. Ces robots sont maintenant chose courante dans les chaînes de montage de grandes industries. Ils améliorent la productivité et la profitabilité des entreprises. Les dernières recherches en robotique mobile ont permis de développer des robots qui marchent sur des pattes (voir les robots de Boston

Dynamics) ou de conduire des automobiles sans l'assistance humaine. Cependant, les systèmes liant les robots et les outils de conception automatisée sont peu courants dû principalement à la complexité et les coûts de ces appareils. Si l'on concevait un robot intelligent capable de créer des modèles de voitures en sculptant dans la glaise des formes, comme le faisaient couramment les designers automobiles auparavant, on aurait probablement besoin de beaucoup de glaise. De plus, il est difficile pour un ordinateur d'apprécier les modèles créés sans développer un processus complexe de numérisation et de caractérisation des formes créées.

C'est pour cette raison que dans le monde de la conception automatisée et assistée, on a recours le plus souvent aux simulations. Grâce au monde virtuel, les ordinateurs peuvent faire des centaines d'essais avant de trouver les formes ou les configurations optimales. C'est beaucoup plus simple et franchement plus économique pour un ordinateur de travailler dans un monde virtuel que dans le monde réel.

● **Les motivations** : Pour un humain, notre propension à créer de nouvelles choses ou idées est motivée par divers sentiments, comme la peur (ex. : armes de guerre), la joie (ex. : les arts), ou l'empathie (ex. : la médecine). Pour un ordinateur, qui ne possède pas encore de système nerveux très complexe, ces notions de sentiments n'existent pas. Comme on le verra un peu plus loin, on peut quand même définir des métriques qui « motivent » un ordinateur à créer. Ces paramètres servent à définir comment les programmes doivent se comporter en définissant un but décrit par une formule mathématique. Ces paramètres sont à la base des systèmes d'optimisation. Ils représentent d'une certaine façon la « motivation » des systèmes d'IA.

On voit donc que l'IA possède en principe tous les éléments pour devenir un système dit intelligent, mais la complexité de ceux-ci est nettement moindre que ce qu'on pourrait penser. Dans le cas actuel de nos connaissances, on devrait parler plus de « stupidité artificielle ». Cependant, nous ne sommes qu'au début de cette aventure et qui sait ce que seront ces « machines à penser » dans cent ans d'ici.

Dans le prochain chapitre, je tenterai d'établir un lien entre l'intelligence et la création. Je proposerai également une nouvelle catégorisation des systèmes intelligents, non pas par ses types de fonctionnalités (mathématiques, spatiales, interpersonnelles, etc.), comme on l'a décrit précédemment, mais en fonction de leur capacité à échanger de l'information avec d'autres systèmes similaires. Ceci nous permettra de mieux positionner notre intelligence par rapport aux autres êtres vivants et aussi par rapport à l'intelligence artificielle.

Le produit de l'intelligence

L'imagination, la muse de la créativité

L'imagination est intrinsèque à notre vie intérieure. On pourrait même dire qu'elle constitue un « second univers » dans notre tête. Nous inventons des animaux et des événements qui n'existent pas, nous refaisons l'histoire avec des issues alternatives, nous imaginons des utopies sociales et morales, nous nous délectons d'art fantastique et nous méditons à la fois sur ce que nous aurions pu être et sur ce que nous pourrions devenir. Des animateurs tels Walt Disney et les gens des studios Pixar sont passés maîtres dans l'art de l'imagination, mais ils ne font que créer une version publique de nos vies privées quotidiennes. Alors, pourquoi l'imagination est-elle si peu analysée par les philosophes, les psychologues et les scientifiques ?

Aristote a décrit l'imagination comme une faculté de l'homme à produire, mémoriser et rappeler les images mentales que nous nous faisons du monde. Même notre sommeil est alimenté par les rêves de notre imagination involontaire. Emmanuel Kant, philosophe allemand du XVIIIe siècle, considérait l'imagination comme un synthétiseur des sens et de notre compréhension du monde. Bien qu'il existe de nombreuses différences entre les philosophies d'Aristote et de Kant, ce dernier s'accorde à dire que l'imagination est « une faculté de synthèse inconsciente qui rassemble les perceptions sensorielles et les lie en représentations cohérentes dotées de dimensions réelles ». En d'autres termes, l'imagination est une faculté mentale qui sert d'intermédiaire entre les particularités des sens, par exemple, « des couleurs bleues lumineuses », et nos sentiments et nos perceptions, par exemple, le jugement selon lequel « les fenêtres bleues de cette peinture sont belles ».

Il n'est peut-être pas surprenant que les philosophes et les théoriciens de la cognition aient une vision plutôt aride de l'imagination, mais nos idées quotidiennes sur l'imagination ne sont guère meilleures. Comme les anciens Grecs, nous considérons toujours notre propre créativité comme une muse qui descend sur nous, une sorte de possession spirituelle ou de folie miraculeuse qui a inondé Vincent Van Gogh et John Lennon, mais qui ne fait que ruisseler en vous et moi.

Nous avons tellement romancé la créativité que nous nous sommes retrouvés avec un mystère impénétrable dans la tête. Nous ne croyons peut-être plus littéralement à la possession d'une muse, mais nous n'avons pas encore remplacé cette vision « mystérieuse » par une meilleure. Cette vision mystérieuse de l'imagination est vague et obscure, mais elle rend au moins compte de l'état psychologique décentré de la créativité.

Le cyberquanta

DEPUIS MON ENFANCE, j'ai toujours été fasciné par les théories de la physique et l'histoire des physiciens. Mes héros étaient les Newton et Einstein. Plus tard, j'ai étudié les concepts de la physique théorique et compris toute la beauté de ces modèles dans la splendeur des mathématiques. Ces pionniers et pionnières ont complètement redéfini notre compréhension de l'univers, et leurs théories ont poussé les philosophes à revoir les modèles classiques des Grecs anciens. La théorie quantique, par exemple, nous a permis de nous questionner sur les fondements même de l'existence de l'univers.

On est porté à croire qu'Albert Einstein, ce scientifique de génie, a eu son seul prix Nobel grâce à ses travaux sur la relativité générale, mais il n'en est rien. Il fut plutôt récompensé pour ses travaux en optique physique et pour son explication de l'effet « photoélectrique », c'est-à-dire l'émission d'électrons par un matériau soumis à l'action de la lumière. À cette occasion, il élabora le concept de « grains » de lumière qu'on nomma par la suite « quanta » ou « photon ».

C'est à ce moment que la physique quantique prit son envol. On pouvait définir la lumière à la fois comme une onde intangible et immatérielle, mais aussi comme une particule élémentaire au même titre que les électrons et les protons. Cette dualité onde-corpuscule, qui agaçait grandement Einstein, fut reprise par d'autres physiciens aussi célèbres que Louis de Broglie, Niels Bohr et bien d'autres, et mena au développement de la physique quantique, une théorie révolutionnaire et qui est fondamentale dans le développement des systèmes électroniques modernes et ultimement dans celui des ordinateurs.

Le physicien et philosophe Erwin Schrödinger illustre par un exercice de pensée célèbre une caractéristique essentielle de la mécanique quantique, soit celle de l'existence des particules. Imaginez une boîte close dans laquelle on enferme un chat. À côté du chat, il y a un plat rempli de lait empoisonné. Il y a 50 % de risques que le chat boive le lait et un autre 50 % qu'il n'y touche pas. Après un certain laps de temps, le chat est-il mort ou est-il encore vivant ? Selon les principes de la mécanique quantique, tant qu'on ne regarde pas dans la boîte, le chat est les deux à la fois : il est vivant et mort ! Les deux états se superposent. Ce n'est qu'en ouvrant la boîte que l'on déterminera son état.

Selon la théorie quantique, la position d'une particule est décrite en termes d'ondes de probabilité avant qu'une observation (ou mesure) soit faite, mais après l'observation de cette particule, elle est décrite par une valeur précise. En d'autres termes, c'est lors de l'interaction qu'une particule se définit et « existe ».

Ceci rejoint le concept systémique que j'ai introduit précédemment et qui extrapole cette idée dans la définition générale de l'existence

: ce qui définit une chose est directement lié à ses interactions. Des connaissances deviennent une idée lorsqu'elles interagissent. Comme une onde lumineuse, les connaissances sont transmises d'un système intelligent à un autre de façon imprécise sous forme d'ondes électriques (neurones), d'ondes sonores (parole) ou d'ondes lumineuses (écriture). C'est quand ces idées interagissent que les idées et les inventions se concrétisent et se définissent. Au même titre que la dualité onde-corpuscule de la lumière, celles des connaissances-idées sont tout aussi valables.

Bien que mon analogie avec la physique quantique puisse vous sembler exagérée, elle nous permet cependant de mieux comprendre toute l'importance des interactions entre les systèmes dits intelligents dans le processus de conception. En fait, les systèmes intelligents permettent de mémoriser et de structurer des connaissances et des concepts divers, mais ce sont les interactions entre ces concepts qui permettent de générer des nouvelles créations, inventions ou découvertes. Les idées et les œuvres que nous imaginons sont essentiellement le produit d'interactions volontaires de nos idées.

D'une certaine façon, la création ou l'invention est déterminée suite à l'imposition d'une hypothèse ou d'une expérience qui représente ici la mesure. Elle prend forme seulement si on les fixe par une idée. Sans création, invention ou découverte, les connaissances ne serviraient à rien. En fait, elles « n'existeraient pas ! »

Histoires de création

ON N'A QU'À CONNAÎTRE un peu l'histoire de l'humanité afin de constater rapidement que les périodes prolifiques de notre histoire en termes de création, qu'elle soit artistique, intellectuelle ou pratique, correspondent souvent à des périodes de grands changements, comme les guerres ou les révolutions. La société où l'on vit et les gens qui nous influencent et nous dirigent déterminent le type de création et le type de créateur qui seront favorisés.

Une des premières traces écrites d'un exemple de création fut la Bible. Selon ce récit, Dieu créa le ciel et la terre, le jour et la lumière et finalement l'homme le sixième jour. Si l'on croit ces récits, ce fut le premier acte de création de l'univers.

Évidemment, on sait que l'homme créa d'autres choses bien avant qu'il ne raconte cette histoire. On retrouve des traces de fabrication d'outils chez les premiers humains il y a de cela 3,2 millions d'années. Alors que la communauté scientifique a longtemps supposé que les premiers outils de pierre étaient fabriqués par le genre Homo, nos découvertes montrent qu'un autre genre d'hominidé, peut-être une forme d'australopithèque plus ancienne, avait déjà toutes les capacités cognitives et motrices nécessaires à l'invention d'outils.

Les plus anciennes armes connues sont des épieux en bois. Au paléolithique déjà, elles étaient munies de pointes spéciales en silex, en os ou en bois de renne. L'arc et les flèches apparurent à la fin de cette époque et restèrent pendant des millénaires les principales armes de jet. Les haches en pierre et les poignards en silex datent du néolithique. Ces objets étaient probablement à la fois des outils, des armes et des marques de prestige.

Cependant, l'invention qui sera déterminante pour le développement de l'homme est certainement le feu. En fait, le feu en tant que tel n'est pas une création de l'homme, mais les outils pour en créer sur demande le sont. Selon les recherches, on sait que les humains profitaient des feux créés par la foudre ou autres événements naturels pour allumer des petits feux qu'ils entretenaient. On peut s'imaginer qu'un homme (ou une femme), il y a des milliers d'années, s'est aperçu, en faisant des expériences sur des pierres ou encore avec des bouts de bois, qu'il pouvait créer de la chaleur et ainsi enflammer des brindilles et créer du feu à volonté.

La maîtrise du feu permet d'éloigner les carnivores, de faciliter le travail de nombreux matériaux (bois, roches siliceuses...) et de se chauffer. Il rend aussi possible la cuisson de la viande, ce qui contribue à éliminer de nombreux parasites et à mieux conserver les aliments. Le rôle social du feu n'est certainement pas négligeable, car il resserre la cohésion du groupe qui se rassemble autour du foyer et qui l'entretient.

L'invention ou plutôt la maîtrise du feu s'est faite très progressivement et sur une période très longue. Comme les connaissances étaient transmises de façon orale au début, on peut imaginer que la redécouverte du feu ainsi que toute autre invention avant celle de l'écriture s'est répétée des milliers de fois. C'est seulement lorsque les humains ont commencé à vivre en société que les connaissances ont pu être transmises d'une génération à une autre plus facilement.

On retrouve les premières traces de création artistique à l'époque paléolithique, entre autres dans les grottes de Lascaux. Les peintures et les gravures qu'elle renferme sont estimées avoir été créées il a environ 19 000 ans. À l'intérieur, on peut découvrir deux galeries, la salle des Taureaux et le « diverticule axial », considéré comme les salles les plus représentatives de Lascaux. Sous nos yeux évoluent des bisons, des cerfs, des chevaux et autres animaux. Bien sûr, on voit aussi cette étrange bestiole, surnommée la licorne, à cause de ses longues antennes (cornes ?), sorte d'auroch au corps très massif.

Dans l'Antiquité, chez les Grecs par exemple, on voit surgir une importante ère de création artistique et aussi philosophique. C'est en effet à ces époques que l'on crée, non pas des objets pratiques ou des œuvres artistiques, mais des concepts abstraits comme l'âme humaine chez Aristote ou les atomes chez Leucippe et son disciple Démocrite. Ils ont, les premiers, suggéré que toute matière était composée de particules infimes et invisibles à l'œil nu appelées « atomes ». Bien que ces philosophes aient tenté de décrire notre monde, ils ont créé à l'aide de leur pensée et de leurs observations une vision du monde qui est en cours même aujourd'hui.

L'Empire romain était une civilisation de l'Antiquité technologiquement avancée. Les Romains ont incorporé des technologies des Grecs, des Étrusques et des Celtes. De nombreuses innovations furent apportées par le savoir-faire romain. Les techniques de la métallurgie, de l'agriculture, de la marine de guerre et, bien sûr, de l'architecture formaient un savoir spécifique donnant un avantage technologique et militaire aux Romains.

Après la chute de l'Empire romain au Ve siècle, l'humanité entra dans une période sombre ou l'invention et la créativité ne furent presque pas tolérées. Le Moyen Âge fut une période où l'innovation était motivée principalement par les besoins de l'Église. Création de cathédrales, les œuvres religieuses étaient ce qui se faisait de mieux en termes d'innovation. On ne peut pas dire que durant ces siècles le progrès basé sur l'innovation a avancé énormément.

Au contraire, à la même époque, dans le monde arabe, la science et l'innovation étaient valorisées. Les conquêtes arabes en Europe et en Asie leur ont permis d'échanger avec des cultures tout à fait différentes de la leur. La fermeture de l'école néoplatonicienne d'Athènes par Justinien en 529 amena de nombreux savants à s'exiler en Perse, et l'enseignement grec qui s'épanouit dans cette région devint, un siècle plus tard, une partie du monde arabe. Bagdad devint la capitale intellectuelle de son époque. On leur doit les débuts des mathématiques modernes, l'invention de l'anesthésie, pratiquée par l'ingestion d'opium, l'étude de l'anatomie humaine et d'autres grandes découvertes en chimie, en physique et en géographie. C'est grâce au savoir des Arabes

que l'Europe a pu redécouvrir les travaux des anciens Grecs qui avaient
été oubliés.

C'est au tournant du XVIIIe siècle en Europe que l'on commence à voir
des penseurs et des artistes qui tentent de briser le moule conservateur
imposé par le clergé. Des philosophes et des intellectuels
encourageaient la science et s'opposaient ainsi à la superstition, à
l'intolérance et aux abus des Églises et des États. Le terme de « siècle
des Lumières » a été consacré par l'usage pour rassembler la diversité
des manifestations de cet ensemble d'œuvres, de courants, de pensées
ou de sensibilités et d'acteurs historiques. Des philosophes comme
Rousseau ou Descartes ont permis le soulèvement d'une partie de la
population contre l'Église et l'État, menant ultimement à la Révolution
française. Ce courant de penseurs a permis également de libérer le
carcan des créateurs et des inventeurs et a permis d'accélérer le progrès
basé sur l'innovation et la créativité artistique.

Dans les arts comme la musique, des artistes comme Mozart et
Beethoven ont carrément révolutionné la création musicale en
s'éloignant des styles baroques et parfois ennuyeux de la musique
d'Église. Ces créateurs d'exception ont tracé la voie à des générations
de compositeurs qui sont encore écoutés même plus de deux cents ans
après leur mort.

Une histoire raconte que Ludwig Van Beethoven (1770-1827) fut l'un
des premiers compositeurs à avoir commencé à utiliser un métronome,
un appareil breveté par Johann Nepomuk Maelzel en 1815. Beethoven
était aux anges, car il trouvait trop imprécises les simples descriptions
de tempo musicales telles qu'adagio, allegro ou presto. Beethoven a
donc commencé à éditer ses œuvres avec des marques numériques
comportant des indications de métronome. Beethoven, qui était
malentendant, puis sourd dans les dernières années de sa vie, a dû se
fier à cet instrument. Mais comme le métronome était une technologie

nouvelle, le compositeur a peut-être commis une erreur en l'utilisant. Toutes les pièces annotées par le compositeur sont anormalement trop rapides même pour les musiciens d'aujourd'hui. Quoi qu'il en soit, la plupart des chefs d'orchestre ont omis ces marques, car ils les considéraient comme trop rapides. Depuis les années 1980, d'autres chefs les ont utilisées pour jouer Beethoven, mais les critiques musicaux et le public ont qualifié ces concerts de frénétiques, voire désagréables.

Dans le domaine des sciences, des hommes comme Newton, précédés par Galilée et Copernic, ont permis de développer des modèles de notre univers et ont décrit avec le langage des mathématiques comment le monde fonctionne. Ces types de représentation basée sur les mathématiques ont permis, et permettent encore aujourd'hui de mieux comprendre notre univers, étendant nos connaissances aux mondes microscopiques jusqu'à la création de l'univers. D'un certain point de vue, les mathématiques développées par Newton permettent de prédire l'avenir en calculant, par exemple, la position balistique d'un boulet lancé d'un canon.

La légende raconte qu'un beau jour, Newton était assis au pied d'un pommier. La chute d'un fruit l'a fait réfléchir. Pourquoi tombe-t-il au sol plutôt que de s'envoler vers le ciel ? Ça semble évident, mais c'est loin de l'être ! Pour que la pomme tombe vers le bas, elle doit être attirée par une force. Cette force, la gravité, était encore inconnue avant que Newton élabore la loi de la gravitation universelle.

S'inspirant des travaux de son prédécesseur, l'astronome italien Galilée, Newton énonça les trois grandes lois du mouvement. Pendant plus de 200 ans, ces lois constituent les fondements de la physique. Elles étaient toutefois incomplètes, car elles ne s'appliquaient pas aux objets voyageant à des vitesses proches de celle de la lumière (ce qui est le cas pour la majorité des problèmes de physique mécanique courants).

Au début du XXe siècle, les travaux d'Albert Einstein ont comblé cette lacune par sa théorie de la relativité générale.

Durant la première Révolution française de 1789, des savants de toute la France ont voulu briser les liens avec le passé en tentant de réinventer tout. La première invention et non la moindre fut celle de la guillotine. Inventé par Joseph Ignace Guillotin, cet outil a été inventé afin de répondre aux plaintes des bourreaux qui ne suffisaient pas à la tâche, compte tenu du nombre important d'exécutions. Ceux-ci se plaignaient que la lame de leur hache n'était pas adaptée à un si grand nombre d'exécutions, ce qui faisait en sorte qu'ils devaient s'y prendre à plusieurs fois afin de décapiter leur victime (ouch !). Voyant cela, M. Guillotin, étant lui-même humaniste et ne voulant pas que les condamnés ne souffrent inutilement, demanda à son ami chirurgien, Antoine Louis, de créer un appareil qui permettrait de tuer sans souffrance. Finalement, c'est le facteur de clavecins Tobias Schmidt, en suivant les indications d'Antoine Louis, qui a été chargé de dessiner et de construire la première guillotine. La légende veut que le roi de France Louis XVI, s'intéressant aux dernières découvertes, l'aidât à perfectionner l'engin avec lequel il fut exécuté quelques années plus tard.

Une autre grande invention qui découle de la révolution est le système métrique. Les mesures en usage en France présentaient une très grande diversité : perche, toise, pied, pouce, aune, muid, setier, boisseau, pinte, livre, once, grain, etc. Non seulement elles variaient d'une région à l'autre, mais encore une même dénomination pouvait recouvrir des réalités très différentes selon les localités : ainsi, la surface de l'arpent de Paris est-elle inférieure à celle de l'arpent commun et, dans le nord de la France, il existe dix-huit sortes d'aunes, variant de 62 à 84 centimètres. Ceci avait un impact économique très important, car une livre de viande achetée à Paris n'avait pas le même poids lorsqu'on était en région. C'est alors que le système métrique est apparu lorsque les mathématiciens, comme Lagrange, Laplace et Lavoisier pour la chimie, ont été appelés à intervenir dans les systèmes de mesure quotidienne. Par exemple, pour calculer précisément la valeur du mètre, deux scientifiques, Jean-Baptiste Joseph Delambre et Pierre Méchain, ont été chargés de mesurer le méridien entre Dunkerque et Barcelone via Rodez.

Certaines des propositions comme le mètre et le gramme sont encore utilisées aujourd'hui. D'autres propositions comme des journées de 10 heures et des minutes de 100 secondes ainsi que le changement de nomenclature des mois ont été abandonnées. Le calendrier républicain, ou calendrier révolutionnaire français, était utilisé de 1792 à 1806 et brièvement pendant la Commune de Paris. Créé durant la Révolution française, il avait pour but d'effacer le calendrier grégorien, étroitement lié au christianisme, en s'appuyant sur le système décimal. Par exemple, les mois d'été étaient le Messidor (19 juin — 18 juillet) — Période des moissons, Thermidor (19 juillet — 17 août) — Période des chaleurs, Fructidor (18 août — 16 septembre) — Période des fruits.

Le XIX$^\text{e}$ siècle fut marqué au début par des courants politiques, économiques, scientifiques et culturels importants. Parmi les grandes inventions, mentionnons celles de la machine à vapeur. L'invention de la machine à vapeur est le fruit d'un long processus de création et de découvertes. En 1679, le Français Denis Papin conçoit une sorte de « cocotte-minute » pour étudier la pression des gaz. En 1712, Thomas Newcomen fut le premier à construire une machine à vapeur qui sert à pomper l'eau de la mine de charbon en Angleterre. Par la suite, l'Anglais James Watt améliorera de façon significative la machine de Newcomen, ce qui a marqué une étape importante dans la généralisation des machines à vapeur dans l'industrie. Les brevets de Watt tombés dans le domaine public, de nombreux autres constructeurs améliorent le rendement et la fabrication. L'invention de la machine à vapeur a largement contribué à la révolution industrielle du XIXe siècle.

Il y eut également l'invention de la génératrice d'électricité par Thomas Edison et Nicola Tesla vers 1879 qui a mené au développement de nombreuses autres inventions comme l'ampoule et les moteurs électriques. Le conflit entre les deux hommes a mené à ce qu'on appelle aujourd'hui « la guerre des courants ». D'un côté, Edison, grand inventeur, qui a inventé l'ampoule et le phonographe, et de l'autre Nikola Tesla, un jeune ingénieur talentueux qui travailla au début au service d'Edison. Edison avait imaginé l'installation d'un réseau électrique à courant continu à New York qui pouvait alimenter le nouveau mode d'éclairage apporté par ses ampoules. Techniquement peu fiable, le réseau s'avère en outre très coûteux. En raison des chutes de tension, l'énergie ne peut être acheminée sur de longues distances, nécessitant l'installation d'une centrale tous les deux ou trois kilomètres. Travaillant jour et nuit avec Thomas Edison, Nikola Tesla ne tarde pas à lui suggérer d'adopter le courant alternatif qui, à ses yeux, résoudrait tous les problèmes du réseau new-yorkais. Edison refuse catégoriquement. « Les idées de Tesla sont brillantes, mais strictement inexploitables en pratique ». Scandalisé, Tesla quitte aussitôt la compagnie pour fonder sa propre entreprise, la Tesla Electric Light Company. Il en démissionnera deux ans plus tard sous la pression de ses investisseurs financiers, y laissant toutes ses économies et la jouissance de ses brevets. Il sera peu après « récupéré » par George Westinghouse qui en fera son principal allié dans la « guerre des courants », opposant la technologie du courant continu d'Edison à celle du courant alternatif de Tesla. On connaît évidemment qui en sort vainqueur ? Fait à noter, Edison fut à l'origine de l'invention de la chaise électrique qui, en voulant discréditer le courant alternatif, en démontrait son danger en électrocutant des animaux. L'idée plaira aux dirigeants du système de justice américaine qui cherchait une alternative moins cruelle et plus efficace que la pendaison.

Certaines inventions furent découvertes par hasard comme celle des rayons X en 1895 par Wilhelm Röntgen. Le physicien allemand, professeur de physique à Wurzburg, en Bavière, a découvert les rayons X en 1895 en vérifiant si les rayons cathodiques pouvaient traverser le verre. Son tube cathodique étant recouvert d'un épais papier noir, il fut surpris de voir qu'une lumière verte incandescente s'échappait néanmoins et se projetait sur un écran fluorescent situé à proximité. En faisant des expériences, il a découvert que la lumière mystérieuse traversait la plupart des substances, mais laissait des ombres sur les objets solides. Comme il ne savait pas ce qu'étaient ces rayons, il les appela « rayons X », ce qui signifie « inconnu ». Durant ses tests, il a observé que des rayons provenant de l'ampoule réussissaient à passer à travers le corps humain. C'est ainsi qu'il a découvert, par hasard, une technique qui allait permettre des avancées médicales majeures : la radiographie.

À la fin du XIXe siècle, les frères Wilbur et Orville Wright partageaient une passion pour les bicyclettes, un nouvel engouement qui balayait le pays. En 1892, Wilbur et Orville ouvrent un magasin de bicyclettes, réparant les bicyclettes et vendant leurs propres modèles. Travaillant toujours sur différents projets mécaniques et se tenant au courant des recherches scientifiques, les frères Wright ont suivi de près les recherches de l'aviateur allemand Otto Lilienthal. Lorsque Lilienthal meurt dans un accident de planeur, les frères décident de commencer leurs propres expériences de vol. Déterminés à mettre au point leur propre modèle, Wilbur et Orville se rendent à Kitty Hawk, en Caroline du Nord, une ville connue pour ses vents forts.

Wilbur et Orville se sont mis au travail pour essayer de comprendre comment concevoir des ailes pour le vol. Ils observent que les oiseaux inclinent leurs ailes pour des raisons d'équilibre et de contrôle, et ils tentent d'imiter ce phénomène en développant un concept appelé « gauchissement des ailes ». Lorsqu'ils ajoutent un gouvernail mobile, les frères Wright ont alors constaté qu'ils avaient la formule gagnante. Le 17 décembre 1903, ils réussirent à effectuer le premier vol libre et contrôlé d'un avion motorisé, plus lourd que l'air. Wilbur a piloté leur avion pendant 59 secondes, sur une distance de 852 pieds, un exploit extraordinaire.

On dit souvent que la « nécessité est la mère de l'invention ». Malheureusement, ce furent les « nécessités » des deux grandes guerres mondiales qui ont permis la création en accéléré d'inventions. La nécessité de survivre et de battre l'ennemi a fait en sorte d'inciter les ingénieurs, les scientifiques et les artistes également, à proposer des milliers de nouvelles idées. En un siècle, le nombre d'inventions, de créations artistiques a atteint des sommets, plus que jamais dans l'histoire de l'humanité.

Des inventions comme les avions à réaction, les fusées et la bombe atomique ont permis d'éliminer des vies. D'autres comme les antibiotiques ou les vaccins ont permis d'en sauver. En fin de compte, toutes ces inventions furent développées en temps de guerre ou durant des crises, mais ont été adaptées par la suite en temps de paix.

Un des grands pionniers de l'espace, Hermann Oberth (1894-1989), a publié en 1923 un livre sur les voyages en fusée dans l'espace. Ses écrits ont été importants. Grâce à eux, de nombreuses petites sociétés de fusées ont vu le jour dans le monde. En Allemagne, la formation d'une de ces sociétés, la Verein für Raumschiffahrt (Société pour les voyages dans l'espace), a conduit au développement de la fusée V-2, qui a été utilisée contre Londres pendant la Seconde Guerre mondiale. En 1937, des ingénieurs et des scientifiques allemands, dont Oberth, se réunissent à Peenemünde, sur les rives de la mer Baltique. C'est là que la fusée la plus avancée de son temps sera construite et pilotée sous la direction de Wernher von Braun. Ce dernier fut « réquisitionné » après la guerre dans l'opération « Paperclip » par les Américains pour récupérer avant les Russes les meilleurs cerveaux. Il fut nommé directeur du centre de vol spatial Marshall de l'agence spatiale américaine, la NASA, et conserva ce poste stratégique jusqu'en 1970. Il participe aux programmes de vols habités Mercury et Gemini. Lorsque le programme Apollo est lancé par le président américain John Kennedy en 1961, von Braun prend en charge la conception de la fusée géante Saturn V, qui joue un rôle essentiel dans la réussite des missions lunaires américaines.

Le processus de création

LORSQU'ON REVIENT SUR les moments forts de l'histoire où le potentiel créatif des hommes était à son maximum, on constate qu'ils sont fortement corrélés avec le désir naturel de survivre. Les premières inventions de l'humain, comme le feu et les armes, comme les lances et les flèches, ont été motivées principalement par la nécessité de survivre à l'hiver et se nourrir. Les grandes périodes où l'innovation était poussée de l'avant sont souvent liées aux guerres et aux révolutions. Durant le Moyen Âge, les seules créations provenant du domaine des arts et de la guerre étaient guidées par l'Église et les rois. En Europe, les dogmes de l'Église imposés aux citoyens faisaient en sorte qu'il était presque impossible de penser autrement réduisant à néant les ambitions des innovateurs.

En théorie, on pourrait caractériser la propension pour un humain de créer par certains paramètres extrinsèques, qui sont hors de notre contrôle, comme la nécessité de survivre ou encore le type de société dans laquelle on vit. Cependant, si l'on fait fi de ces contraintes extérieures, on peut définir un certain nombre de règles et de procédures qui nous permettent de créer. C'est ce qu'on pourrait appeler des paramètres intrinsèques, ou propres aux humains.

Dans cette section, nous allons commencer par décrire comment les humains peuvent créer et généraliser les concepts afin de tenter de généraliser ces méthodes à d'autres types de systèmes dits intelligents, comme les ordinateurs.

À la base, la connaissance

L'INNOVATION EST AVANT tout une question de connaissances. La culture et toute l'expérience que l'on peut acquérir tout au long de notre vie font partie de ces connaissances. Il faut savoir qu'innover ou le fait de créer correspond la plupart du temps à faire des amalgames ou à combiner différentes notions ou connaissances. Il faut donc s'assurer d'avoir assez de connaissances afin de nourrir cette « soupe aux idées ».

Quand je parle de connaissances, je ne veux pas nécessairement dire des connaissances techniques dans un domaine pointu des sciences. Je parle également de connaissances générales, comme les autres domaines scientifiques ou encore les domaines plus artistiques comme la musique, la danse, la littérature. Cette culture générale permet essentiellement de nourrir le cerveau d'idées nouvelles, mais nous aide également à structurer nos pensées. Nos expériences personnelles et même les jeux qu'on fait durant notre enfance ont également une grande part dans ce processus. Elles permettent d'observer et d'expérimenter avec les choses de la nature et avec les comportements des autres personnes et permettent d'établir une liste d'interactions possibles ou improbables. C'est en jouant avec ces types de relations et les connaissances que l'on peut créer de nouvelles choses.

La plupart des grands esprits de ce monde ont eu généralement des passions autres que celle qui les a rendus célèbres. Albert Einstein était un amateur de musique et violoniste à ses heures. On raconte qu'un jour, Albert Einstein jouait un quatuor avec Georges Enesco, le célèbre compositeur italien, mais comme il ne suivait pas très bien le rythme, celui-ci lui demanda : « On ne vous a pas appris à compter à l'école ? »

Une fois que l'on acquiert un bon bagage de connaissances de base général et d'expériences durant notre enfance, il faut également cumuler des connaissances plus spécialisées. Ces dernières que l'on acquiert au cours de nos études ou durant notre carrière professionnelle permettent de comprendre des concepts plus particuliers.

Comme on l'a vu précédemment, le langage et l'écriture ont permis de transmettre les connaissances de génération en génération. Dans l'histoire, il est arrivé des moments où cette chaîne de transmission des connaissances a été coupée. La redécouverte d'Aristote, par exemple, s'est faite au milieu du XIIe siècle jusqu'au XIIIe siècle, période durant laquelle la plupart de ses livres ont été traduits du grec ancien au latin, et copiés massivement, au cours du Moyen Âge. Les érudits chrétiens du début du Moyen Âge ont traduit et commenté les textes d'Aristote du grec ancien à l'arabe. La préservation des idées grecques fut ainsi un des apports majeurs de la civilisation orientale.

L'interaction des idées

SELON SA DÉFINITION stricte, le raisonnement créatif consiste donc à développer de nouvelles idées et de nouveaux concepts. Il s'agit de l'habileté à former de nouvelles combinaisons d'idées pour satisfaire un besoin. Il existe d'ailleurs un consensus des experts en créativité qui ont montré que la créativité à partir de rien n'existe pas. La créativité fait toujours référence à au moins un élément connu.

Mais l'inspiration et l'innovation viennent rarement toutes seules. Elles sont le fruit d'échanges et la combinaison constante d'idées et de connaissances motivées par un but, une motivation particulière.

Afin de faire des découvertes ou d'inventer des choses, il faut être en mesure de prendre ces connaissances et de les mettre en relation de façon logique et ordonnée. Ces connaissances se retrouvent dans les zones de mémoire situées dans différentes parties de notre cerveau. La mémoire à long terme, par exemple, qui fait référence à nos souvenirs d'enfance et notre expérience de travail, va être située dans l'hippocampe. Nos souvenirs à court terme, où siègent les informations acquises sur le livre sur lequel je travaille, sont stockés quant à eux dans le lobe frontal. De plus, d'autres souvenirs plus ancrés seront emmagasinés dans le cortex visuel et d'autres dans le cortex associé à la parole, l'ouïe, ou encore la zone émotive.

Afin de maximiser nos chances d'avoir de bonnes idées, il faut être capable d'exciter toutes ces zones afin d'accéder à ses souvenirs, qui peuvent faire une différence entre une idée simple ou géniale. L'accès à ces souvenirs peut être réalisé avec différentes techniques connues.

Comme je travaille dans le domaine de l'innovation depuis plus de trente ans, j'ai expérimenté certaines techniques qui permettent de faciliter l'échange d'idées entre les différentes zones de mon cerveau. J'ai voulu en partager quelques-unes avec vous.

Poser les bonnes questions

LA PLUPART DES JEUNES entrepreneurs que je rencontre ont tous la même passion, soit celle de leur idée. Étant déjà passé par ce stade dans ma vie, je sais pertinemment comment on se sent lorsqu'on pense avoir une bonne idée (que dis-je ? L'idée du siècle !) qui nous rendra riches et célèbres ? Lorsqu'on a une idée géniale d'un nouveau produit, un service ou juste une façon de faire, nos émotions nous enflamment et nous motivent au plus haut point. On pense qu'on est le seul à avoir eu cette idée et l'on sent une grande fierté et même un sentiment de supériorité par rapport aux autres. On se dit qu'on est capables de battre les géants du Web comme Facebook sur leur propre terrain. C'est le combat de David contre Goliath, version XXIe siècle.

Mais la vérité nous rattrape assez vite. On commence par s'apercevoir que notre idée si géniale n'est pas si géniale que ça. Elle est trop difficile à réaliser ou même impossible, ou pire d'autres l'ont déjà fait. On ne se décourage pas. On se dit qu'on n'avait pas la bonne approche ou que le modèle d'affaires n'était pas adapté. On investit alors notre temps et notre argent, on travaille 50-60-70 heures par semaine. On fait cinquante versions de son plan d'affaires, on rencontre un tas de gens qui veulent vous aider. Même si l'on n'a pas un sou, on leur demande leur aide pensant que c'est essentiel.

Tu es alors prêt à te lancer. Tu vas chercher des prêts pour la commercialisation, tu grattes les subventions à gauche et à droite. Tu vas dans des expositions, tu rencontres des tas de gens qui disent que c'est intéressant, qui te donnent une tape dans le dos et t'encouragent à continuer.

Tu fais ça pendant des semaines, des mois. Tu fais quelques ventes, mais pas assez pour vivre de ça. Parfois, tu rencontres un client potentiel qui te fait miroiter la lune et tu y crois. Les négociations pour l'achat de ton produit sont longues. Les services juridiques te grugent une bonne partie de ce qui te reste dans ton compte de banque. Tu apprends très vite ce que veut dire le mot « *cash flow* » (flux de trésorerie). Tu finis par signer avec ce client, mais il veut te payer seulement à la livraison.

Tu t'aperçois après coup que ce gros contrat n'est pas suffisant pour survivre. Tu dois recommencer tout ce bordel encore et encore. Au bout de quelques années de petites nuits, car tu ne cesses de penser à ce que tu feras demain en te levant, tu te dis qu'il serait bon que tu te trouves un « vrai job ».

Vous vous demandez où je veux en venir avec ce délire?

Cet exemple, tiré de mon expérience personnelle, illustre l'importance de poser les bonnes questions en innovation afin de parfaire son idée. En affaires, l'idée de base elle-même ne suffit pas. Il faut tenter de l'attaquer de tous les côtés afin de s'assurer de sa solidité. Même si l'on n'est pas en mesure de répondre à ce bombardement, ces questions sont nécessaires afin d'évaluer rapidement si une idée est bonne et vaut la peine qu'on y investisse du temps pour la mettre au point ou s'il est plus sage de la laisser de côté, sans la mettre de côté complètement. Ce questionnement permet également de raffiner votre idée ou vous aidera à en trouver une autre tout aussi géniale.

Car oui, même si après ce questionnement, l'idée semble farfelue après analyse, cela ne veut pas dire qu'elle n'est pas bonne. Prenez le cas de l'ordinateur Apple. Steve Job et Steve Wozniak avaient le pressentiment que leur petit truc électronique allait marcher, même si à l'époque ça n'avait pas de sens. Imaginer un appareil électronique, gros comme un téléviseur de l'époque, qui nous permet d'écrire des textes pour faire de la comptabilité sur un écran minuscule. Pas très attirant quand on y pense. Cependant, à force de persévérer (et avec beaucoup d'argent, disons-le), l'idée de l'ordinateur personnel n'est plus à refaire. C'est une évidence même pour la nouvelle génération. Une nécessité, un bien dont on ne peut pas se passer.

Il m'est arrivé assez souvent que j'aie eu une idée qui semblait tellement bonne qu'elle m'empêchait de dormir. Je ne cessais d'y penser, couché dans mon lit les yeux grands ouverts, fixant le plafond, en répétant sans cesse comment elle était parfaite, unique. J'avais hâte que le réveil sonne même si ça voulait dire que j'avais dormi à peine une heure dans ma nuit. Le matin, je me précipitais sur mon ordinateur et commençais à m'autobombarder de questions. Neuf fois sur dix, la déception m'attendait. Déjà fait. Pas faisable. Trop chère à produire.

Le questionnement est une technique qui permet de verbaliser une idée et de la confronter à d'autres. Elle permet à nos cerveaux de faire resurgir de notre mémoire nos expériences et les connaissances acquises. Le questionnement permet également d'échanger avec les connaissances et l'expérience des autres soit directement, à l'aide des livres et maintenant le Web.

Voir son idée

JE NE SAIS PAS SI VOUS avez déjà entendu des athlètes olympiques parler des techniques de visualisation avant de commencer leur épreuve. Un skieur de slalom va s'imaginer descendre la pente, éviter les portes, sauter les sauts et éviter les plaques de glace. Cette technique de visualisation consiste à imaginer à plusieurs reprises ce que vous voulez réaliser pour le créer et l'attirer. C'est la méthode utilisée par le médaillé d'or à 23 reprises, Michael Phelps.

Lorsque les athlètes visualisent ou imaginent une compétition réussie, ils stimulent en fait les mêmes régions cérébrales que lorsque vous effectuez physiquement la même action. Lorsque les athlètes utilisent la visualisation, non seulement ils voient l'action se dérouler, mais ils sentent vraiment que l'événement se déroule dans leur esprit.

Cette technique n'est utilisée que dans le monde du sport. Pourtant, cette technique peut également être utile en innovation ou en affaires. Par exemple, un entrepreneur sait qu'une étape majeure de son projet est la signature d'un premier contrat avec un client d'importance. Il décide de visualiser un rendez-vous lors duquel il présente son savoir-faire. Il se voit alors dans un bureau avec le directeur de la société cliente. Il voit la scène, s'entend répondre avec assurance aux questions, et visualise une présentation claire et enthousiasmante. Il voit dans les yeux de ses interlocuteurs de l'intérêt, et ressent de la confiance et de l'assurance.

La visualisation créatrice consiste à s'imaginer le plus clairement et précisément possible ce que nous souhaitons voir se produire dans notre vie et à se l'imaginer en train de se produire pour ressentir comment serait notre vie si ce souhait était déjà réalisé. Cette technique, genre de monde virtuel, permet de renforcer vos idées en les confrontant avec différents scénarios.

Une des étapes que j'apprécie beaucoup est l'expression d'une idée sous forme d'esquisse ou de diagramme. Les esquisses conviennent aux premières étapes du processus de prototypage pour illustrer les idées et les transférer dans le monde réel. Même les illustrations simples constituent une bonne base pour poursuivre la discussion avec les membres de l'équipe et créer de nouvelles idées. Vous pouvez également dessiner des diagrammes pour illustrer un système, un processus ou une structure d'idées. Les diagrammes sont un moyen utile de comprendre des situations ou des cas d'utilisation complexes où de nombreux facteurs et acteurs s'influencent mutuellement. Vous pouvez également visualiser et analyser la manière dont les idées interagissent et se complètent ou peut-être même se concurrencent.

Par exemple, dans le monde du design industriel, la technique du *storyboarding* peut être utilisée pour le prototypage précoce afin de visualiser le parcours du client ou la manière dont les utilisateurs vivraient un problème ou l'utilisation d'un produit. Lorsque vous dessinez des *story-boards*, vous essayez d'imaginer l'ensemble de l'expérience utilisateur et de la capturer dans une série d'images ou de croquis.

Est-ce que les ordinateurs peuvent créer ?

COMME ON VIENT DE LE voir, on bâtit de nouveaux concepts à partir de connaissances provenant de nos expériences et celles de nos ancêtres que l'on met en relation. Mais mélanger les connaissances entre elles, est-ce suffisant pour générer une idée ? Oui et non. C'est une condition nécessaire, mais pas suffisante.

On sait que les ordinateurs d'aujourd'hui peuvent mémoriser des quantités phénoménales de données. En juin 2019, on estimait que le Web hébergeait 5,85 milliards de pages, et il ne s'agit là que de l'activité atteinte via les moteurs de recherche. Et non, les choses ne ralentissent pas : la taille d'Internet a presque doublé chaque année depuis 2012. Si vous deviez télécharger l'intégralité du Web, cela prendrait environ 11 trillions d'années. Et pour stocker toutes ces données ? Il faudrait plus de 1000 pièces de 8 pieds x 10 pieds remplies chacun de 450 disques de stockage de deux téraoctets.

Ce qu'on appelle aujourd'hui « les algorithmes » est essentiellement des programmes informatiques qui mettent en relation toutes ces données comme dans notre cerveau. Par essence, les algorithmes sont simplement une série d'instructions qui sont suivies, étape par étape, pour résoudre un problème ou pour générer un résultat. Au même titre, on pourrait considérer qu'une recette de gâteau est un algorithme pour faire un gâteau.

Bien que les ordinateurs aient une capacité de mémorisation des milliards de fois supérieure aux humains, pourquoi alors ne les voit-on pas créer de nouvelles idées ou générer des inventions ? Oui, certains algorithmes peuvent créer des œuvres d'art numériques ou encore écrire des articles journalistiques très crédibles, mais pourquoi naturellement les ordinateurs n'ont-ils pas la capacité de créer ?

La réponse est à mon avis dans la motivation. Ce qui a poussé l'homme à créer et fabriquer des choses de ses mains est au début le simple instinct de survie. La peur de mourir de faim a motivé l'humain à inventer des outils pour la cueillette et la chasse. La peur de mourir de froid l'a motivé à inventer le briquet en silex (pierre à feu) pour produire du feu et se réchauffer. Même aujourd'hui, la peur est une des principales sources de motivation de création chez l'homme. Les guerres ont été des catalyseurs qui nous ont fait sortir de notre zone de confort et nous ont obligés à inventer et créer de nouvelles choses.

Évidemment, au fur et à mesure que les sociétés ont évolué et que les menaces étaient moins grandes, les humains ont eu d'autres motivations que la peur. La joie, l'empathie ou simplement la curiosité étaient également d'excellentes sources de motivation.

On sait aujourd'hui que la sensation de bonheur s'exprime par la sécrétion d'hormones comme la dopamine et la sérotonine, deux des sept neurotransmetteurs utilisés dans le cerveau et dans notre corps. C'est une sensation d'extase qui nous rend heureux. Or les humains se sont rendu compte assez vite que de créer des œuvres artistiques comme la peinture et la musique contribue à augmenter notre niveau de bonheur personnel, ce dernier étant relié directement à nos hormones.

À la suite de la Révolution française, la cadence de création des œuvres artistiques et dans les domaines scientifiques et de l'ingénierie n'a cessé de croître. Une des principales causes, évidemment, est l'accroissement de la scolarisation des personnes et la liberté d'expression. Plus il y a de gens qui ont des connaissances pour créer, plus on crée. C'est mathématique. Au Moyen Âge, l'éducation était limitée à une certaine classe de personnes privilégiées comme les moines et les aristocrates. Également, la liberté d'expression a permis de décloisonner les esprits des dogmes religieux et a permis la prolifération d'idées nouvelles.

Un ordinateur n'a pas de motivation intrinsèque pour créer et c'est, à mon avis, l'une des principales raisons pourquoi cette entité n'est pas capable de raisonner par elle-même. Un ordinateur ne ressent pas la peur ou la joie. Il n'est intrinsèquement pas curieux.

Les ordinateurs sont également soumis au dogme de nos algorithmes. Lorsqu'on programme un ordinateur, on veut que ce programme exécute une fonction spécifique. On ne tolère pas qu'il fasse des erreurs, limitant ainsi l'expression de sa connaissance. Les ordinateurs n'ont pas de mécanismes naturels qui leur permettent de vivre des expériences tel que nous le vivons et qui permettent de définir les « possibles ».

Les ordinateurs tels qu'on les a conçus sont voués à une vie d'esclavage et de soumission à l'homme. C'est dommage, car la quantité extraordinaire de connaissances que les ordinateurs possèdent nous permettrait d'aller beaucoup plus loin en tant qu'humains et nous offrirait des possibilités de créer des choses inimaginables. Au tournant des années 90, l'invention de « World Wide Web » par Tim Berners-Lee et bien d'autres après, a permis de créer une nouvelle façon de communiquer qui à terme sera une invention aussi importante que l'imprimerie par Gutenberg au XVe siècle. Comme on le verra plus tard, cette invention et celle de l'intelligence artificielle pourraient permettre à l'humanité de décupler son potentiel créateur au même titre qu'a été déterminante l'invention de l'écriture pour le développement de la création humaine.

Une autre définition

COMME ON L'A VU AU premier chapitre, il a toujours été difficile de trouver une définition claire de l'intelligence. On tente souvent de caractériser celle-ci par ses fonctions cognitives qui permettent à l'individu d'apprendre, de former des concepts, de comprendre, d'appliquer la logique et la raison.

Cette définition anthropocentrique (centrée sur notre nombril) est souvent utilisée en psychologie scientifique. Cependant, cette définition permet difficilement de relativiser le niveau des autres formes d'intelligence, comme celle des animaux ou l'intelligence artificielle. Il faut donc tenter de la définir en utilisant une approche systémique, c'est-à-dire basée sur le concept général de ce qu'est un ensemble d'éléments considérés dans leurs relations à l'intérieur d'un tout fonctionnant de manière unitaire.

Selon une vision philosophique systémique, on peut tenter de définir l'intelligence comme la capacité d'un système de structurer des données brutes, de les mémoriser et de s'adapter aux changements. Ce type de système dit intelligent permet de traiter de grandes quantités de données, d'extraire leurs caractéristiques et leur structure intrinsèques, de les mémoriser et ultimement de manipuler cette structure afin de générer de nouvelles idées ou concepts.

Ce type de système est constitué d'éléments de base simples interreliés et communiquant entre eux. Les neurones sont des éléments de base des vivants qui transmettent de l'information à l'aide de leurs synapses. Dans un ordinateur, ce sont les transistors qui échangent des informations numériques via des connecteurs et des fils. À un plus haut niveau, on peut avoir différents systèmes intelligents comme les lobes du cerveau qui échangent des concepts ou des idées. À un niveau encore supérieur, un élément de base peut être un individu qui échange de l'information à l'aide du langage ou de l'écriture. On voit donc dans cette définition plus large et systémique que l'on peut voir l'intelligence selon différents niveaux intégrant différents types d'éléments de base (cellules, lobes ou individus) plus ou moins complexes.

Une autre caractéristique des systèmes intelligents est la capacité de structurer et mémoriser les données. Quand on parle de données, ici je parle de façon générale de stimuli externes et pas nécessairement de données informatiques. Ces stimuli provenant de notre environnement, comme le son, la lumière et la pression, sont captés par nos nerfs et transmis à notre cerveau à travers les axones. Ces stimuli externes déclenchent une cascade de processus interprétés par différentes parties de notre cerveau.

Par exemple, lorsqu'on voit un beau coucher de soleil, la lumière (la donnée) est captée par notre œil et notre rétine qui la traduit en signaux électriques. Ces signaux sont alors transmis au lobe visuel situé derrière notre cerveau. Les signaux électriques sont alors interprétés par une autre partie de notre cerveau qui reconnaît la forme du soleil et interprète son sens. L'information est également transmise à la section du cerveau qui gère nos émotions. Cette section génère des hormones qui procureront des sentiments de bien-être à la personne. Ces sentiments activeront la partie du cerveau responsable des muscles du visage et généreront les signaux de contrôle qui permettront aux muscles de produire un sourire. On voit donc toute la complexité des interactions dans notre cerveau, même pour des choses aussi simples qu'un sourire.

La définition de l'intelligence en termes d'interactions plus ou moins complexes permet entre autres de mieux positionner les nouvelles technologies d'intelligence artificielle par rapport à celle des humains. En comparant les deux types d'intelligence, on s'aperçoit très vite que les techniques actuelles d'intelligence artificielle sont beaucoup moins complexes que ce qui se passe dans notre cerveau.

Contrairement à un réseau de neurones artificiel, le cerveau d'un humain se base sur des milliers d'heures d'entraînement, sur des milliards d'images acquises au cours de sa vie et durant les millions d'années de l'évolution humaine. Il combine les informations provenant des autres sens comme l'ouïe, le toucher ou le goût. Bref, on parle ici d'un système comprenant des milliards de cellules nerveuses et des millions de fois plus complexes qu'un simple réseau de neurones artificiel qui peuvent contenir quelques centaines de neurones artificiels entraînés avec quelques milliers d'images d'objets d'une seule catégorie.

Bien que les avancements technologiques en IA soient impressionnants, il reste que chacun de ces systèmes numériques est très spécialisé dans ses fonctions. Un véhicule intelligent pourra conduire sans assistance pendant des milliers de kilomètres, mais il ne sera pas capable de faire la différence entre une orange et une pomme, car son réseau de neurones n'a pas été entraîné pour cela. On est encore très loin de ce qu'un système nerveux vivant peut accomplir.

Comme l'intelligence artificielle, notre cerveau est constitué de nombreux systèmes spécialisés. Mais ce sont leurs interactions qui font la force de notre cerveau. Ces interactions peuvent être directes, comme celle entre notre système d'équilibre et celui qui gère les muscles de la marche, mais aussi indirectes comme dans le cas d'un échange verbal entre deux personnes. C'est exactement ce qui manque aux systèmes d'intelligence artificielle aujourd'hui afin de vraiment compétitionner avec l'intelligence biologique, que ce soit celle de l'homme ou même des animaux. Les interactions et les échanges d'informations sont à la base des systèmes complexes intelligents créateurs.

Les niveaux de l'intelligence

AFIN DE MIEUX CLASSIFIER les différentes formes de système intelligent, je propose ici un modèle basé sur leurs capacités plus ou moins complexes à manipuler des informations. Ce modèle systémique permettra de mieux comparer différentes formes d'intelligence selon leur propension à échanger des informations et donc de créer. Il permet également de bien situer l'intelligence artificielle relativement à l'intelligence humaine et de démontrer le chemin qu'il reste à parcourir avant que l'IA puisse rattraper celle des humains.

Dans ce modèle, les systèmes intelligents peuvent être divisés en cinq catégories ou niveaux d'ordre cumulatif :

Niveau 1

NIVEAU DE BASE CORRESPONDANT à un réseau de neurones simplement connecté. Il comprend des couches de neurones d'entrée et de sortie et des neurones intermédiaires. Chaque neurone est connecté à un ensemble plus ou moins grand de neurones voisins.

Dans les systèmes vivants, on parle de systèmes nerveux de base où le système nerveux réagit simplement à un stimulus externe, comme le réflexe naturel de retirer sa main lorsqu'elle est située au-dessus d'une flamme. En intelligence artificielle, on peut catégoriser les réseaux simples comme le « perceptron » ou les réseaux multicouches dans ce niveau.

Niveau 2

LES SYSTÈMES CATÉGORISÉS dans ce niveau comprennent plusieurs sous-réseaux simples qui, ensemble, permettent de réaliser des fonctions plus élaborées, comme la reconnaissance des formes et des visages.

Dans les systèmes vivants, on parle encore de systèmes nerveux de base liés aux sens comme le goût, l'odorat, la vision, l'ouïe, et le toucher. Il comprend également les systèmes de gestion de la motricité et de mémoire à court terme. En intelligence artificielle, on peut l'associer au réseau de *Deep Learning* utilisé pour reconnaître des formes, des visages ou encore lire et comprendre des textes.

Niveau 3

À CE NIVEAU, ON INCLUT tous les systèmes comprenant au moins deux réseaux de niveau 2, c'est-à-dire des systèmes évolués de reconnaissance ou de contrôle moteurs, et qui interagissent de façon indirecte. Ce niveau regroupe des éléments de base, comme les systèmes cérébraux jusqu'à un individu complet. Chez les animaux et les humains, ceci correspond essentiellement au cerveau et à son système nerveux. Celui-ci comprend plusieurs lobes ou régions spécialisées qui peuvent interagir.

C'est à ce niveau que l'on peut envisager des interactions permettant de générer de nouvelles idées ou créer de nouvelles choses. La gamme de complexité des systèmes dans ce niveau va du très simple au très complexe. Certains réseaux de neurones artificiels, comme les réseaux GAN, sont une version très simple de réseau pouvant créer, mais le type d'interaction est très limité. À l'autre bout du spectre, on retrouve le cerveau humain, qui est le système le plus élaboré à ce jour pouvant générer de nouvelles connaissances.

Niveau 4

CE NIVEAU INCLUT LES systèmes où plusieurs individus possédant des systèmes de niveau 3 interagissent. Au niveau biologique, ceci intègre les animaux d'une même espèce vivante en société, comme nous. Les échanges entre les individus permettent la création de nouvelles choses qu'il n'est pas possible de faire avec un seul individu. L'humain est celui qui représente le système le plus complexe à ce jour. On ne connaît pas encore d'équivalent en intelligence artificielle.

Niveau 5

CE NIVEAU ULTIME, QUI n'existe pas encore à ma connaissance, permet la collaboration et l'échange d'idées et d'informations entre des êtres des sociétés d'espèces ou d'origines différentes. On peut imaginer des sociétés hybrides vivantes et travaillant ensemble. On peut également imaginer un monde où l'intelligence des humains collabore avec l'intelligence artificielle ou une forme de vie extraterrestre. En combinant les connaissances de ces deux entités, on pourra créer des choses encore inimaginables.

À chacun son niveau

CETTE CLASSIFICATION incrémentale des types d'intelligence permet à mon avis de bien positionner le niveau de celle des êtres vivants par rapport à l'intelligence artificielle.

Tous les êtres vivants de bas niveau comme les insectes ou les petits animaux possèdent à peine un système nerveux qui leur permet de réagir aux menaces des prédateurs (comme tous les animaux d'ailleurs jusqu'à nous). Ce type de système intelligent de niveau 1 et 2 ne permet pas de générer des connaissances très évoluées outre le fait de réagir d'une façon différente lorsqu'un prédateur s'approche d'eux.

Les êtres vivants plus évolués comme les mammifères ont une capacité de s'adapter plus facilement à de nouvelles situations, comme celle de changer son comportement dans des situations extrêmes comme le manque d'eau ou de nourriture. Leurs réactions nouvelles, que l'on peut attribuer à une réaction créative de bas niveau, sont intimement dirigées par leur instinct de survie. On peut classifier ces animaux dans le niveau 3.

Dans le niveau 4, j'introduis la notion d'interactions sociales qui encouragent la création. Les chimpanzés et les gorilles sont les animaux les plus proches génétiquement des humains. Leur cerveau plus volumineux que bien d'autres mammifères leur permet d'avoir des relations sociales plus complexes, de communiquer par des gestes et des sons et même d'inventer certains outils pour les aider à se nourrir. On peut catégoriser ces animaux dans le niveau 4. Bref, on peut catégoriser les animaux entrant dans ce niveau, tous les êtres vivants ayant un cerveau leur permettant de communiquer avec ceux de leur espèce.

Les humains ont la capacité de créer des œuvres ou d'inventer des choses en utilisant les connaissances acquises par les générations précédentes. Ceci est possible par le développement de notre langage et surtout par celui de l'écriture. De plus, notre vie en société organisée nous permet de mettre en place les conditions nécessaires pour stimuler la création non essentielle pour notre survie comme les arts. De ce fait, les humains sont les représentants ultimes du niveau 4.

Ce qui est intéressant avec ce modèle, c'est que cette catégorisation liée au niveau de complexité des interactions entre les systèmes intelligents ne se limite pas uniquement aux êtres vivants. Il peut également nous aider à situer de façon relative l'intelligence artificielle. Celle-ci se situe au mieux au niveau 2, au même niveau que les insectes et les petits animaux. Les modèles de réseaux de neurones réalisés à ce jour comme les méthodes d'apprentissage profond sont des représentations assez simples de réseaux de neurones naturels existants. Reconnaître un « chat » d'un « chien » n'est généralement pas très difficile pour un être vivant aussi primitif qu'il soit.

Ce qui différencie l'intelligence artificielle de celle naturelle, c'est l'étendue des connaissances que peuvent avoir accès ces deux types de systèmes. On peut entraîner un réseau d'IA à reconnaître un « chat » en lui montrant des milliers d'images de chats différents. Pour un humain ou un animal, on procède aussi par « l'entraînement ». Une personne peut avoir vu quelquefois un chat d'un certain type pour le reconnaître comme un « chat ». Notre cerveau à la capacité de généraliser des concepts rapidement, en se basant non pas sur le nombre de fois que l'on voit un « chat », mais sur des représentations plus abstraites de ce qu'est un animal. Il est capable de bâtir des liens ou des relations entre les concepts mémorisés en analysant le contexte de ce qu'il voit. On reconnaît un « chat » non seulement par sa représentation visuelle, mais aussi par d'autres indices comme sa démarche, le son qu'il produit, ou même le contexte où il se trouve (maison vs forêt).

Dans le modèle que je propose, tous les animaux connus et même l'intelligence artificielle peuvent être catégorisés en trois ou quatre niveaux. Alors, pourquoi en définir un cinquième ? Pour explorer comment l'intelligence pourrait évoluer dans le futur (et puis 5, c'est un beau chiffre !).

Le niveau 5 est en fait une extrapolation des quatre premiers niveaux et qui nous permet d'envisager à quoi ressembleraient des êtres avec une intelligence supérieure à la nôtre, c'est-à-dire capable de créer et d'innover plus rapidement et plus efficacement. Car disons-le, le cerveau humain a ses limites. Le fait qu'il ait la capacité de mémoriser une quantité d'informations assez faible (par rapport aux ordinateurs, par exemple) limiterait en théorie notre capacité de créer. Heureusement, l'invention de l'écriture nous a permis de conserver une certaine mémoire collective qui nous permet de bâtir sur nos connaissances acquises.

L'Internet et les systèmes électroniques ont la capacité d'emmagasiner une quantité plus phénoménale de connaissances que notre mémoire. Contrairement aux livres, ces connaissances sont accessibles par un plus grand nombre de personnes et ne sont plus limitées à certains privilégiés comme au Moyen Âge. L'information disponible sur l'Internet offre la possibilité aux humains d'élargir leur niveau de connaissance personnel et donne des possibilités de créer et d'inventer des choses que l'on ne pouvait pas encore imaginer.

Pour ce faire, il faudra tenter de structurer les données disponibles sur le Web afin qu'elles puissent interagir facilement avec la pensée humaine. C'est ce que je propose de regarder avec vous dans le chapitre suivant. J'illustrerai comment les ordinateurs et l'intelligence artificielle peuvent contribuer à augmenter nos capacités créatrices.

L'intelligence mixte

Dans l'un des chapitres précédents, nous avons vu comment l'invention était générée par l'amalgame de concepts divers, guidés ou contraints par notre expérience et celle des autres. On utilise souvent l'analogie ou la combinaison afin de développer de nouvelles idées. Par exemple, l'invention de l'avion est une idée tirée de l'observation des oiseaux.

On a également discuté que bien que les ordinateurs (et l'Internet) mémorisent des quantités incommensurables de données diverses, ils n'étaient pas capables de créer, car ils ne possédaient pas la capacité de faire des liens entre les concepts et surtout n'avaient aucune motivation de le faire contrairement aux humains.

Certains me diront que l'humain possède quelque chose de plus qu'aucun ordinateur, soit une âme, un esprit, quelque chose d'intangible qui dépasse nos connaissances et qui nous différencie des animaux ou tout être vivant. À ceci, je réponds que peut-être que oui, peut-être que non. Durant les derniers siècles, il y a eu de nombreux débats philosophiques sur ce sujet sans vraiment avoir de réponses claires. Sommes-nous constitués d'un élément physique (la chair) et d'un élément métaphysique (l'âme) ou sommes-nous simplement un assemblage intelligent de cellules interagissant entre elles tel que postulé par le mathématicien et philosophe français René Descartes dans son ouvrage *L'homme-machine* ? Le débat est encore ouvert étant donné qu'aucune de ces visions ne peut être prouvée hors de tout doute.

Comme je l'ai mentionné précédemment, je suis un adepte de l'approche systémique, c'est-à-dire que tous les éléments dans l'univers existent et sont définis seulement par leurs relations avec d'autres éléments. Selon moi, les humains pourraient être modélisés par un système complexe comprenant des cellules et des interactions chimiques. Nous faisons également partie d'un plus grand système qu'est la Terre, comprenant des humains, des animaux des plantes et qui interagissent entre eux de façon à conserver un équilibre. Cet équilibre est cependant menacé par les humains, mais ceci est un autre sujet que l'on pourrait débattre longuement si vous voulez.

Donc, selon cette prémisse qui est que les humains sont des systèmes physiques composés de milliards de cellules interagissant entre elles de façon organisée, on peut imaginer que les ordinateurs branchés entre eux via l'Internet et composés de milliards de transistors peuvent également être vus comme des systèmes intelligents. À mon avis, l'invention de l'Internet peut permettre à l'humain de décupler ses capacités de création au même titre que l'invention de l'écriture a permis de passer de génération en génération les connaissances acquises.

Cependant, avant de discuter de la façon dont les ordinateurs pourraient créer d'eux-mêmes, on peut se demander ce qui leur manque pour pouvoir manipuler des concepts aussi facilement que les humains. Étant donné la capacité phénoménale de données qu'on retrouve sur la toile, comment faire pour structurer ces données afin d'établir leur relation et de leur donner un sens ?

Structurer les idées

AFIN DE POUVOIR CONCEVOIR des méthodes permettant de structurer automatiquement les données sur le Web, il faut d'abord tenter de comprendre comment les humains font pour créer des choses ou imaginer des concepts.

Imaginez la photo suivante : des personnes marchant avec un chien sur une plage. Au loin, on voit le quai avec la grande roue de la fête foraine.

Pour un humain, on peut facilement déduire que cette photo a été prise sur la plage et représente un humain promenant son chien.

Pour un algorithme de reconnaissance basé sur l'intelligence artificielle, celui-ci reconnaîtra individuellement les personnes, le chien, la plage et le quai. Ce n'est qu'en lui présentant plusieurs images prises à la plage qu'il pourra généraliser son modèle et associer cette combinaison d'objets (personne, chien, plage et quai) au concept d' « une photo à la plage ». Maintenant, dans les photos qui serviront à son entraînement, certains n'auront pas de personne ou de chien. De plus, il pourra voir des personnes et des chiens non pas sur la plage, mais à la campagne ou à la maison.

L'algorithme devra établir alors la distinction entre les objets reconnus dans l'image (personne, chien et maison) et le paysage (ciel, sable, verdure, etc.). Il pourra alors établir une relation entre le lieu défini par les éléments de paysage (à la plage, à la campagne ou à la maison) et les objets reconnus. Finalement, grâce à cette relation établie entre les différents éléments, il pourra alors établir le sens de la photo : « enfant et chien courant sur la plage », « adultes marchant dans la campagne ».

Du point de vue mathématique, on peut représenter les connaissances sous forme de graphes conceptuels. Un graphe conceptuel est composé de nœuds de connaissance reliés entre eux par des liens ou relations. Chaque nœud possède des attributs qui servent à décrire les données.

Par exemple, on peut représenter le concept de chaise comme ceci : un plan et quatre pattes (les nœuds). Les pattes sont situées en dessous du plan (les liens ou les relations). Cependant, bien qu'un humain puisse comprendre ce modèle simple, il en est une tout autre histoire pour un ordinateur. Si l'on n'a pas de connaissance a priori de la grandeur du plan et de la hauteur des pattes, un ordinateur pourrait dire qu'un plan de 100 m^2 sur des pattes de 2 cm est une chaise. Il faut donc mieux définir notre graphe et lui ajouter des attributs. Par exemple, le nœud « plan » aura comme attribut des dimensions minimum et maximum, et les nœuds « pattes » auront une hauteur et un diamètre définis. De plus, les « liens » pourront avoir également des attributs, comme le fait que les « pattes » soient distribuées aux quatre coins du plan.

Maintenant, ce graphe représente un seul « type » de chaise. On peut avoir des chaises à une seule patte, avec un dossier, rembourrées. Une bûche ou un sac de sable peut servir également de chaise. La définition de la chaise peut également dépendre du contexte. Par exemple, un plan avec quatre pattes qui flotte dans l'eau n'est pas proprement dit une chaise sur laquelle on peut s'asseoir.

On voit donc que tenter de représenter un objet aussi simple qu'une chaise, sous forme de graphe conceptuel généralisé, peut représenter un grand défi. Il faut être capable à la fois de définir les différents concepts ou objets, mais aussi leur relation dans le contexte, et dans leur fonction utile.

Les techniques d'aujourd'hui utilisent des méthodes plus complexes, comme le « *deep learning* » où les relations entre les objets détectés sont établies en entraînant des réseaux de neurones artificiels. Bien que le monde visuel soit continu, la plupart des scènes que nous voyons sont des entités visuelles qui peuvent être organisées en groupes fonctionnels et sémantiques. Une scène ou un lieu donné peut être défini par des actions spécifiques, comme manger dans un restaurant, boire dans un pub, lire dans une bibliothèque ou dormir dans une chambre. La reconnaissance ou l'identification de contextes utilise des méthodes similaires à la reconnaissance d'objets en extrayant automatiquement les principales caractéristiques d'une scène.

Maintenant, imaginez que vous marchez dans la rue. Un système de classification de scènes vous dira que vous êtes dans la rue et vous permettra de localiser les personnes, les voitures, etc. Cependant, il existe d'autres tâches de détection qui vont au-delà de la simple détection d'objets. Par exemple, le système pourrait associer le lieu où vous marchez et vous aiderait à détecter les terrasses de restaurant, les marchés ou les stationnements. Ces concepts définissent également des régions localisées, néanmoins ils n'ont pas des structures visuelles liées à des images, mais intègrent des données précédemment apprises par l'IA. C'est ce qu'on pourrait associer à l'expérience de l'IA.

Certaines scènes sont encore plus complexes à reconnaître, car elles impliquent un aspect dynamique des objets détectés. Ainsi, une photo d'un homme à cheval peut être reconnue telle quelle, c'est-à-dire « homme à cheval », mais prise en action, c'est-à-dire le cheval qui court et l'homme qui fait un mouvement des bras peut être interprétée comme « un homme jouant une partie de polo ».

Certains algorithmes développés par des groupes de recherche permettent de structurer et comprendre des images ou des séquences d'images afin de leur donner un sens. Cependant, les données disponibles sur le Web ne sont pas que des images. Il existe de nombreux types de données, comme des positions géographiques, des données d'un modèle 3D, des statistiques, etc. L'intégration et l'établissement des relations entre ces différents types de données rendent la tâche des chercheurs en intelligence artificielle de plus en plus complexe et difficile.

Un exemple de système qui intègre les données de différentes sources est celui des voitures autonomes. Les trois principaux capteurs installés sur les véhicules autonomes sont la caméra vidéo, le radar et le lidar. En travaillant ensemble, ils fournissent à la voiture des images de son environnement et l'aident à détecter la vitesse et la distance des objets proches, ainsi que leur forme tridimensionnelle, et permettent au véhicule d'éviter les obstacles.

Les véhicules autonomes s'appuient sur des caméras placées de tous les côtés (à l'avant, à l'arrière, à gauche et à droite) pour assembler une vue à 360 degrés de leur environnement. Certaines ont un champ de vision large (jusqu'à 120 degrés) et une portée plus courte. D'autres se concentrent sur une vue plus étroite pour fournir des images à longue portée.

Bien qu'elles fournissent des images précises, les caméras ont leurs limites. Elles peuvent distinguer les détails de l'environnement proche, mais il faut calculer la distance de ces objets pour savoir exactement où ils se trouvent (p. ex. un piéton traversant la rue). Il est également plus difficile pour les capteurs basés sur des caméras de détecter des objets dans des conditions de faible visibilité, comme le brouillard, la pluie ou la nuit.

Les capteurs radar peuvent compléter la vision des caméras en cas de faible visibilité, comme lors de la conduite de nuit, et améliorer la détection des voitures à conduite autonome. Le lidar permet aux voitures autonomes d'avoir une vue en 3D de leur environnement. Il fournit la forme et la profondeur des voitures et des piétons environnants, ainsi que la géographie de la route. Et, comme le radar, il fonctionne aussi bien dans des conditions de faible luminosité.

Les caméras, les radars et les capteurs lidars fournissent de nombreuses données sur l'environnement de la voiture. Cependant, tout comme le cerveau humain traite les données visuelles captées par les yeux, un véhicule autonome doit être capable de donner un sens à ce flux constant d'informations. Ainsi, plutôt que de s'appuyer sur un seul type de donnée de capteur à des moments précis, la fusion de capteurs permet d'intégrer diverses informations telles que la forme, la vitesse et la distance des objets afin de garantir la fiabilité des détections.

On peut également faire la même chose avec des textes. La plupart des correcteurs de langue automatique des traitements de texte d'aujourd'hui utilisent des algorithmes permettant de comprendre le sens d'une phrase afin de proposer des corrections selon le contexte. Ce type d'algorithme est appelé reconnaissance du langage naturel.

Le langage naturel est très ambigu. L'ambiguïté, généralement utilisée dans le traitement du langage naturel, peut être désignée comme la capacité d'être comprise de plus d'une façon.

Prenons la phrase « L'homme a vu la femme avec le télescope ». Il est ambigu de savoir si l'homme a vu la femme à côté d'un télescope ou s'il l'a vue à travers son télescope. L'ambiguïté peut être relevée par le contexte visuel ou celui contenu dans le texte associé à cette phrase.

Comparer les idées

LA PLUPART DES NOUVELLES idées que l'on peut avoir sont basées principalement sur deux principes logiques, soit l'analogie ou la combinaison. Par exemple, l'avion a été inventé par analogie en observant et en essayant d'imiter les oiseaux. Le célèbre Leonardo da Vinci s'inspire grandement de cette analogie en pensant à ses machines volantes. De même, une nouvelle création peut être produite en combinant deux ou plusieurs idées plus ou moins complexes. Le téléphone portable est un très bon exemple d'invention par combinaison. Il intègre différentes technologies comme un ordinateur, une caméra vidéo, un écran tactile et un système WiFi pour créer une toute invention qui est devenue un élément essentiel dans nos vies.

Il arrive parfois qu'on ait une idée géniale qui ne semble pas provenir de nos connaissances a priori. Les inspirations, les idées géniales ou les moments de grâce sont à mon avis des idées produites par la combinaison de nos expériences personnelles. Ça vient peut-être aussi d'un changement dans notre perspective à la suite d'une expérience personnelle, l'acquisition de nouvelles connaissances dans d'autres domaines ou une observation fortuite. Certains diront que c'est la chance. Ces inspirations ne sont pas le fruit d'un esprit extérieur ou divin. Généralement, ceux qui produisent des idées géniales, comme les Mozart ou Einstein, ont généralement un bagage de connaissances et d'expériences et une sensibilité hors du commun. C'est dans leur mémoire qu'ils puisent leurs idées et qu'ils les confrontent avec leurs émotions afin de créer quelque chose de vraiment original. Ils ne savent généralement pas comment cette idée a abouti et l'on a tendance à l'attribuer à une force ou une intelligence extérieure comme Dieu (c'est ce qu'on a tendance à faire lorsqu'on ne comprend pas les choses).

Une chose est certaine, et vous pourrez le constater si vous parlez à des artistes ou des inventeurs, l'inspiration représente seulement une infime partie du travail de création. Le reste est l'application de méthodes et d'expériences qui permet de créer une œuvre extraordinaire. Comme dit l'adage : 10 % d'inspiration, 90 % de transpiration.

Sachant que la création provient principalement de deux fonctions logiques principales que sont l'analogie et la combinaison, comment fait-on pour réaliser ces opérations avec un ordinateur ? Comme on l'a vu précédemment, les données doivent être structurées d'une certaine façon pour que l'on puisse définir des relations entre elles. Une image d'un skieur comprend de la neige, une personne, parfois des arbres ou des roches et des skis. La personne sera habillée avec des vêtements chauds et portera généralement un casque. Cette image pourra être représentée sous forme mathématique (graphe conceptuel ou carte conceptuelle) avec des attributs pour chaque objet et d'autres pour définir les relations entre ces objets détectés.

Une fois les images et les textes modélisés par les algorithmes, on doit pouvoir chercher des modèles similaires à l'idée de base pour trouver les analogies. C'est ce qu'on appelle dans le jargon informatique le pairage de graphes. Si par exemple on a deux graphes qui représentent deux concepts similaires, comment faire pour comparer les deux graphes et voir s'ils sont similaires ?

Ce type de comparaison fait l'objet de plusieurs travaux de recherche encore aujourd'hui. Le sujet de ma thèse de doctorat rédigée au début des années 90 portait justement sur ce point (bien que ma contribution à ce domaine fût cependant assez humble). Cette méthode permet à un ordinateur de suggérer à son utilisateur des idées analogues qui à leur tour permettraient de générer de nouvelles idées.

En gros, on peut comparer deux graphes en comparant les attributs de chaque nœud d'un graphe avec tous les nœuds d'un second graphe. Cependant, ce processus d'association peut être très long et le temps de calcul augmente souvent de façon exponentielle en fonction du nombre de nœuds et d'attributs.

À titre d'exemple, si l'on a deux graphes de 100 nœuds chacun, on commence à comparer le premier nœud du premier graphe avec les 100 nœuds du second graphe afin de trouver une correspondance. Ensuite, on compare le second nœud du premier graphe avec les 99 autres nœuds restants et ainsi de suite. On arrête lorsqu'on est dans une impasse et qu'on ne peut trouver de nœud correspondant, dans lequel cas on recommence. La solution au problème de correspondance de graphes peut prendre des heures et même des journées afin de trouver la correspondance parfaite.

Il existe évidemment d'autres méthodes permettant de réduire le temps de calcul, comme des méthodes aléatoires ou des méthodes basées sur l'intelligence artificielle. Cependant, bien que de plus en plus rapide, la vitesse à laquelle on peut trouver une solution à ce problème est dictée par la vitesse des ordinateurs d'aujourd'hui.

On peut imaginer alors toute la complexité de créer des bases de données relationnelles sur l'ensemble des connaissances contenues sur le Web et de tenter de trouver une ou plusieurs correspondantes dans un temps relativement court. C'est un problème qui à ce jour n'est pas encore résolu.

Ce type de recherche combinatoire est à mon avis un candidat parfait pour les nouveaux ordinateurs quantiques. Je ne rentrerai pas ici dans le détail de cette nouvelle technologie, mais il faut savoir que le type de problème que peuvent résoudre ces ordinateurs est justement lié à la recherche combinatoire qui nécessite un temps de calcul élevé.

En gros, contrairement aux ordinateurs classiques qui utilisent des bits numériques pour modéliser les données, un ordinateur quantique utilise des bits quantiques, appelés qubits. Pour illustrer la différence, imaginez une sphère. Un bit peut se trouver à l'un des deux pôles de la sphère, mais un qubit peut exister en tout point de la sphère. Il peut posséder les valeurs 1 et 0 en même temps. Ceci est possible grâce aux principes de la physique quantique. Un ordinateur utilisant des qubits peut stocker une énorme quantité d'informations tout en consommant moins d'énergie qu'un ordinateur classique. En entrant dans ce domaine de l'informatique quantique où les lois traditionnelles de la physique ne s'appliquent plus, nous pourrons créer des processeurs nettement plus rapides (un million de fois plus) que ceux que nous utilisons aujourd'hui afin de résoudre les problèmes comme les problèmes combinatoires.

Cela semble fantastique, mais le défi est que l'informatique quantique est également incroyablement complexe. Pour que ces ordinateurs fonctionnent, il faut les refroidir à des températures de quelques Kelvin soit environ -273 degrés Celsius, une température plus basse que le vide de l'espace.

Cependant, avec cette technologie, un problème combinatoire qui pourrait prendre des années à calculer sur un ordinateur standard d'aujourd'hui prendra à peine quelques secondes. Je vous suggère fortement de lire sur cette nouvelle technologie révolutionnaire.

L'idée augmentée

SI L'ON ÉTAIT CAPABLE de créer une forme d'intelligence artificielle qui analyse les données disponibles sur le Web, les structure et établit entre elles des liens, des relations conceptuelles, et que l'on utilisait ces connaissances afin d'alimenter notre propre processus de création, nous atteindrions un niveau supérieur d'intelligence qui combinerait à la fois l'intelligence humaine et celle des ordinateurs. À terme, on pourrait ainsi créer une intelligence mixte, qui combine l'intelligence de deux systèmes intelligents, une de source naturelle (les humains) et l'autre créée par les humains (les ordinateurs).

L'intelligence mixte consiste à créer une synergie entre notre intelligence personnelle (niveau 3), celle de notre société (niveau 4) et celle des ordinateurs (niveau 5).

Si l'on veut que les ordinateurs puissent intervenir dans ce processus de cocréation ou de création assistée, il faut d'abord qu'ils puissent modéliser les connaissances disponibles sur le Web. Comme on le sait, ces connaissances sont souvent très peu organisées afin d'être utiles.

Afin de créer ces données structurées, il faut donc développer des robots d'exploration appelés aussi « *crawlers* » ou « *bots* » qui sillonnent le Web à la recherche de données et qui tentent de les modéliser sous forme de graphes conceptuels ou d'autres formes de modèles similaires.

Ce type de « robot virtuel » est utilisé entre autres par les moteurs de recherche comme Google qui sillonnent le Web et lisent les milliards de pages Web afin de créer un super index des connaissances. Cet index permet par la suite de faciliter et d'accélérer la recherche d'informations à partir de mots-clés. Par exemple, lorsqu'on tape dans la barre de recherche le mot « gâteau », l'application Google sort tous les liens des sites Web où ses « *bots* » ont lu le mot « gâteau » préalablement. On obtient alors une réponse quasi instantanément, car le travail de recherche et d'indexage a déjà été fait.

Pour bâtir la base de données structurée de concepts, il faudrait procéder de façon similaire. Un « concept bot » parcourrait le Web à la recherche de connaissance et effectuerait une modélisation des connaissances en plus de les indexer. Par exemple, le « concept bot » pourrait parcourir l'ensemble d'articles scientifiques où seraient extraites les idées générales et tenterait de créer un modèle conceptuel. Il pourrait extraire automatiquement le contexte de la recherche, ses objectifs et les résultats, et produire une structure de données standardisées comprenant tous ces éléments. Par la suite, ces structures pourront être comparées pour créer des regroupements et l'on obtiendrait une classification des articles selon leur sujet, et leur idée générale.

Également, chaque mot du dictionnaire pourrait être conceptualisé de la même façon afin de représenter leurs différents sens selon leur contexte afin d'extraire l'essentiel du sens des textes ou œuvres littéraires. Une cuisinière peut être soit un appareil pour chauffer et cuire les aliments ou un chef. Ce type de modélisation est souvent utilisé dans les logiciels de correction grammaticale. Ce processus de modélisation en continu n'est évidemment pas simple à implanter. Il nécessite le développement d'une intelligence artificielle qui comprend les textes écrits et met en relation les mots entre eux.

Par la suite, il faut développer des outils nous permettant d'échanger nos idées avec cette base de données. Il existe de nombreux logiciels Web sur le marché permettant de créer ses cartes conceptuelles. Par exemple, l'usager entre ses concepts sous forme de « Post-it » placés sur un tableau virtuel et l'on regroupe et fait des liens. Cette technique de visualisation permet aux créateurs d'échanger avec leurs collègues et de « brainstormer » afin de générer de nouvelles idées. Ces outils facilitent le processus de va-et-vient nécessaires à la création.

Ces outils ont été développés entre autres pour faciliter la cocréation communément appelée le « *design thinking* ». Le Design Thinking est un processus itératif dans lequel nous cherchons à comprendre l'utilisateur (d'un logiciel par exemple), à remettre en question les hypothèses et à redéfinir les problèmes afin d'identifier des stratégies et des solutions alternatives qui pourraient ne pas être immédiatement évidentes avec notre niveau de compréhension initial.

Imaginez maintenant un logiciel qui permet d'échanger de façon similaire avec un humain. L'idée initiale est initiée par l'humain et transmise à l'ordinateur sous forme d'affirmations et d'hypothèses écrites. Ce dernier aurait en mémoire des représentations de différents concepts modélisées à partir de sa recherche sur le Web. En utilisant des algorithmes de pairage, l'ordinateur pourrait transmettre à l'humain des idées similaires sous forme directe ou des analogies prises dans des contextes différents. L'humain pourra alors valider la nouvelle idée « augmentée » proposée par l'ordinateur et proposer de nouveau des modifications à son modèle. Ce va-et-vient d'idées entre l'utilisateur et la machine pourrait ultimement aboutir à une idée nouvelle ou une invention. C'est ce processus d'échange entre la machine et l'homme qui permettrait de créer de nouvelles idées bien plus complexes que ce qu'on crée aujourd'hui. On profitera de la capacité de l'humain à initier une idée et de valider celle-ci en combinant les connaissances infinies du Web.

Il est possible de faire ce processus d'échange avec les moteurs de recherche comme Google. Il suffit de commencer avec les mots-clés simples et, selon les résultats retournés, utiliser d'autres mots-clés extraits de ces derniers afin de relancer une autre recherche. C'est une technique que j'utilise régulièrement dans mes recherches et qui donne parfois de bons résultats. Elle m'aide surtout à trouver des solutions qui existent déjà, mais qui ne sont pas connues.

Voici un exemple tiré d'un de mes projets de recherche. Le problème à résoudre était de pouvoir calculer en temps réel la trajectoire d'un robot afin de prendre et souder des pièces métalliques acheminées sur un convoyeur. Les pièces étaient détectées à l'aide d'un système de vision par ordinateur qui mesurait leur orientation sur le convoyeur. Ne connaissant pas trop le domaine de la robotique, j'ai commencé par faire une petite recherche sur le Web avec les mots-clés « trajectoire robot ». Google m'a alors retourné des articles et des sites qui discutaient des mathématiques de ce qu'on appelle la « cinématique inverse », c'est-à-dire quelles rotations doit-on appliquer aux jointures d'un robot pour que sa main (ou préhenseur) passe d'un point A au point B. C'est un problème d'optimisation qui a plusieurs solutions possibles. Bref, de retour à mon Google, j'ajoute les mots « cinématiques inverses » et « simulations » à mes mots initiaux. Je tombe alors sur un logiciel de simulation robotique qui fait exactement ce que mon client recherchait. Je lui fais part de ma découverte et, bien qu'il était dans le domaine de la robotique depuis plusieurs années, il n'avait jamais entendu parler de ce logiciel. En plus, c'était un logiciel libre (*open source*) et donc gratuit. Bingo !

L'intelligence mixte en développement logiciel

AFIN D'EXPLIQUER PLUS clairement le concept d'intelligence mixte, illustrons-le par quelques exemples concrets.

Supposons une équipe de développeurs de logiciels spécialisés dans le développement d'applications mobiles. Elle reçoit comme mandat d'une compagnie de lunettes de développer une application mobile qui permettrait d'essayer de façon virtuelle différents modèles de lunettes. C'est l'hypothèse de départ.

La façon standard pour cette équipe serait probablement de commencer par une session de « *brainstorming* » afin de sortir les idées de base. L'équipe commence par définir à quoi pourrait ressembler l'application. Par exemple, l'un suggère que l'usager prendrait une photo de lui-même et alignerait manuellement une première lunette virtuelle sur la photo. L'usager pourrait alors superposer les modèles de lunettes sur sa photo et essayer différents modèles. Un autre a entendu parler d'algorithmes d'intelligence artificielle qui reconnaissent le visage d'une personne et le modélisent en trois dimensions.

N'étant pas familier avec les algorithmes d'intelligence artificielle, le chef d'équipe décide alors d'y aller de façon sécurisée et propose de commencer une première version avec l'approche d'alignement manuel. L'équipe se met au travail et revient avec un prototype de l'application. Ils le font essayer à leurs clients et ceux-ci trouvent ça bien, mais ils trouvent également que la photo ne leur permet pas de se voir sous différents angles. De plus, l'alignement manuel n'est pas facile à faire sur un petit écran et la lunette est souvent croche et mal alignée.

L'équipe décide alors d'essayer un algorithme d'IA et trouve du code *open source* (code libre de droits) développé par un étudiant dans une université américaine. Ils intègrent cet algorithme dans l'application et le refont essayer à leurs collègues. Ceux-ci trouvent que l'alignement est mieux, mais que parfois l'algorithme se trompe et aligne la lunette virtuelle sur la bouche ou encore sur le front de la personne. Finalement, la faible performance de l'algorithme fait en sorte que le taux d'affichage est seulement de 2 à 3 images par seconde, ce qui fait en sorte que la visualisation n'est pas fluide.

L'équipe de développeurs retourne alors à leur écran et s'aperçoit en parcourant le Web que Apple et Android offrent déjà ce type d'algorithmes beaucoup plus performants pour la reconnaissance et la modélisation du visage. Ils implantent ces nouveaux algorithmes et la performance est au rendez-vous. Les images sont analysées en temps réel pour une visualisation fluide. De plus, l'alignement des lunettes virtuelles est beaucoup plus stable. Leurs clients sont ravis.

Ce processus de création a donc nécessité de nombreux va-et-vient et beaucoup de travail, de questionnements et surtout de perte de temps. Voyons maintenant comment un outil d'aide à la création mixte aurait pu fonctionner.

Le chef d'équipe commence par écrire l'idée de base à l'ordinateur soit : « développer une application mobile qui permettrait d'essayer de façon virtuelle des lunettes ». Un algorithme de reconnaissance du langage naturel analysait cette phrase pour en extraire les idées principales, soit :

- Quoi : application mobile

- Comment : réalité augmentée

- Pourquoi : essayer des lunettes

Par ces recherches préalables, l'ordinateur pourra faire le lien entre réalité virtuelle et application mobile. Il pourra alors suggérer une liste de librairies permettant de faire de la réalité virtuelle et augmentée sur un appareil mobile. Il saura que des applications de réalité virtuelle ou augmentée nécessitent des modèles 3D. L'ordinateur pourra alors lui proposer des bases de données de modèles de lunettes 3D qu'il a trouvées sur le Web.

Selon les choix que lui fournit l'engin de création mixte, l'usager pourra alors explorer l'idée d'utiliser un algorithme développé par l'université américaine, car elle était gratuite. L'engin fera alors un lien entre le fait de développer une application mobile et les performances attendues.

Il lui retourne alors des revues et des critiques du logiciel montrant à l'usager que cette approche n'est pas la plus performante en termes de précision et de temps de calcul. L'engin de création mixte propose alors à l'usager d'utiliser des librairies développées pour les appareils Apple et Android.

On voit ici que ce type d'outils et d'échange d'idées et de validation avec un ordinateur lui permettra de sauver énormément de temps et d'argent.

Dans ma carrière, j'ai aidé des entrepreneurs à réaliser des idées des plus simples au plus complexes et j'ai constaté que ce n'est pas nécessairement le manque d'imagination qui fait défaut aux gens, mais bien un manques de connaissances. La technologie évolue aujourd'hui tellement vite qu'il est difficile de se tenir au courant des derniers développements et des dernières tendances technologiques.

L'intelligence mixte dans les arts

ÉVIDEMMENT, COMME JE viens d'un domaine des technologies, mes exemples tournent souvent autour des mêmes thèmes. Mais ceci ne me rend pas insensible au domaine des arts. Voyons comment un engin de création mixte pourrait aider les artistes à mieux créer avec les ordinateurs.

Prenons l'exemple de la création d'une chanson. Un auteur-compositeur commence par trouver un thème, comme la douloureuse séparation de deux amoureux. Celui-ci va souvent plonger dans ses expériences ou celles de ses proches afin de raconter une histoire qui le touche afin de la mettre en paroles. Il va tenter de faire des vers et choisir des mots qui donnent un certain rythme à la chanson. En parallèle, il va penser à une mélodie qui accompagnera le texte. Sur sa mélodie, il ajoutera des accompagnements et des rythmes afin de créer une musique originale. Ce processus de création requiert souvent des étapes d'essais et d'erreurs, et demande souvent une bonne expérience afin de produire une chanson de qualité.

Maintenant, comment cet auteur-compositeur pourrait-il créer avec l'aide d'un engin d'intelligence mixte ? L'auteur commence par écrire certaines phrases à l'ordinateur avec un thème général. Par les algorithmes d'analyse du langage naturel, l'ordinateur fait une recherche des milliers de phrases poétiques qu'il trouve sur le Web et en suggèrent quelques-unes à l'usager qui semblent similaires à celles qu'il a écrites. Ce dernier en sélectionne quelques-unes et les ajoute à sa chanson et en adapte quelques-unes. L'algorithme analyse le nouveau texte et retransmet à l'usager d'autres phrases, et le processus de création continue ainsi de façon itérative. L'algorithme peut également lui proposer de regrouper certaines phrases et de créer un refrain à partir de certains paragraphes. C'est exactement ce que propose la compagnie LyricStudio (lyricstudio.com).

L'auteur-compositeur peut alors procéder de façon similaire pour la composition de la musique. Il propose une première mélodie que l'algorithme analyse. Il ira chercher des mélodies similaires qui alimentent l'inspiration du compositeur. Une fois la mélodie écrite, l'algorithme pourra suggérer des accompagnements et différents rythmes.

C'est ce qu'a réalisé l'entreprise OpenAI avec MuseNet, un réseau neuronal profond capable de générer des compositions musicales de 4 minutes avec 10 instruments différents, et de combiner des styles allant du country à Mozart en passant par les Beatles.

En fin de compte, l'auteur-compositeur pourra plus facilement créer avec l'ordinateur même s'il a peu d'expérience. Il bénéficiera des connaissances et de l'expérience de centaines d'auteurs et compositeurs modélisées en format numérique.

Dans le domaine des arts numériques, l'application ArtBreeder (artbreeder.com) est un outil permettant d'expérimenter différents essais en combinant certaines images et certains styles facilement. L'usager commence par exemple par une photo de lui-même. Il peut alors changer les paramètres comme la couleur des cheveux, la largeur des yeux, etc. Il peut ajouter un style « poilu » en combinant une image de chien. Il peut changer la texture de la peau et le mettre en bois pour créer un masque. Les possibilités sont infinies. Cet outil accélère grandement le processus de création en pouvant modifier les images à l'aide de quelques paramètres seulement.

L'exemple suivant montre une intégration d'une photo avec le portrait de la Joconde.

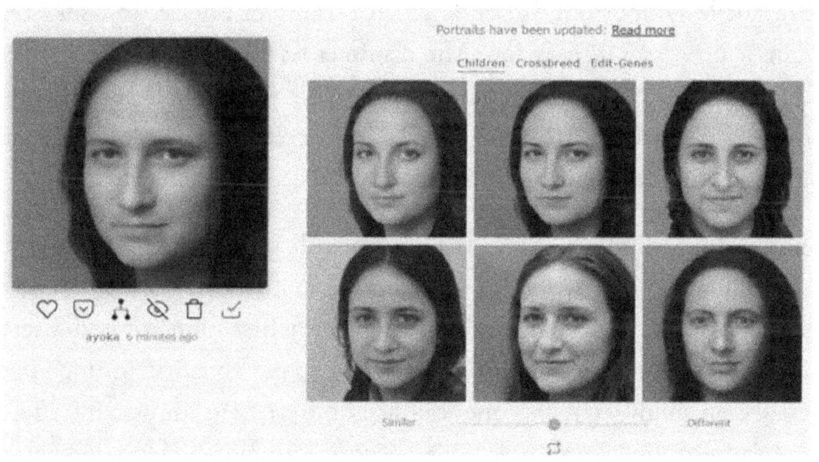

L'application ArtBreeder (Source : ArtBreeder)

L'intelligence mixte au cinéma

RÉCEMMENT, J'AI PARTICIPÉ à un symposium sur les effets visuels par ordinateur dans le monde du cinéma. Cette industrie utilise beaucoup d'algorithmes d'intelligence artificielle pour l'aider à créer. Par exemple, certains films à grand déploiement utilisent des techniques pour simuler des foules de milliers de personnes. La technique standard était de créer quelques personnages animés en 3D et de les dupliquer et les animer dans une scène. Ceci demande un travail énorme de la part des artistes 3D. De plus, notre cerveau est tellement entraîné à voir ce type de scène, qu'on est tout de suite capable de reconnaître des mouvements similaires de personnages, gâchant ainsi l'illusion de réalisme. Les nouvelles techniques d'intelligence artificielle permettent de créer des milliers de personnages différents et de les animer avec des mouvements différents. On peut alors reproduire des scènes à grand déploiement de façon quasi réaliste.

Durant le symposium, j'ai eu la chance d'animer une session sur l'IA dans le processus de création. Afin d'animer les discussions, j'ai posé des questions qui visaient essentiellement à savoir « comment pensez-vous que les ordinateurs peuvent nous aider à créer ? ». Certains m'ont proposé des idées qui se rapprochent du concept d'intelligence mixte.

Lorsqu'un réalisateur demande à une boîte de produire une scène pour son film, la première étape est de créer un « *story-board* ». Un *story-board* est un document sur papier ou fichier numérique qui sert à planifier les besoins de l'ensemble des plans qui constitueront le film, aussi bien au niveau technique (cadrages, mouvements de caméra, effets spéciaux) qu'au niveau artistique (décors construits, décors virtuels). Sa mise en page ressemble à celle d'une bande dessinée dont chaque vignette représente un plan. L'ordre proposé donne un aperçu du montage final.

Cette étape est très longue à produire et nécessite le travail de plusieurs artistes et dessinateurs. Elle est également cruciale, car elle permet parfois de vendre une idée à un producteur.

Ce genre de processus créatif pourrait facilement bénéficier d'un système de suggestion automatique qui fournirait, par exemple, une représentation graphique d'un plan juste en le décrivant en mots.

L'entreprise OpenAI a développé un générateur d'images nommé Dall-E, en hommage au personnage de Pixar et Salvador Dali. Ce modèle génératif GAN peut créer des images originales à partir de textes. Le programme est capable de mettre en illustration des concepts très abstraits, voire farfelus, comme les dessins d'un radis promenant un chien en laisse.

Avec des degrés de fiabilité variables, Dall-E donne accès à un sous-ensemble des capacités d'un moteur de rendu 3D via le langage naturel. Il peut contrôler indépendamment les attributs d'un petit nombre d'objets et, dans une certaine mesure, leur nombre et leur disposition les uns par rapport aux autres. Il peut également contrôler l'emplacement et l'angle à partir duquel une scène est rendue, et peut générer des objets connus conformément à des spécifications précises d'angles et de conditions d'éclairage.

Par exemple, à la phrase suivante : « une illustration d'un bébé radis en tutu promenant un chien », Dall-E généra une série d'images.

Dall-E (Source : OpenAI)

Ce qu'il faut comprendre ici, c'est que l'IA va interpréter la phrase, en extraire les mots et les reconnaître, deviner les relations entre ces objets, et finalement générer une scène comprenant les objets mis en relation selon le sens de la phrase.

Le réseau GAN (réseau antagoniste génératif) appelé Spade développé à l'université de Berkley en Californie permet de générer des images photoréalistes à partir de dessins abstraits. L'usager a une palette de couleurs où chacune représente un élément : le bleu clair représente le ciel, le gris, les nuages, le brun, les arbres, le gris foncé, les montagnes, le bleu foncé, la mer et le vert l'herbe ou la plaine. À l'aide de simples traits de crayons, l'usager définit les zones où se situent les différentes zones. Le réseau GAN génère alors une image à partir de milliers d'images apprises préalablement. L'usager peut donc construire un paysage en quelques traits de façon époustouflante. De plus, l'usager n'a qu'à changer un ou deux paramètres pour définir un style général, comme un paysage au coucher de soleil ou à l'aube.

GauGAN (Source : NVDI).

Aller au-delà

DANS CE CHAPITRE, NOUS avons discuté d'une méthode qui permettrait aux humains créateurs de profiter de la quantité phénoménale de connaissances disponibles sur le Web pour nous aider à créer et trouver des idées plus rapidement et efficacement. Bien que l'idée d'une intelligence mixte relève encore du domaine de la recherche, le développement technologique comme les ordinateurs quantiques peuvent nous donner espoir d'un dénouement prochain.

Avant de se lancer dans la modélisation de toutes les connaissances disponibles sur le Web, on peut commencer modestement par des applications de création mixte pour la musique, les arts, ou le développement Web. On verra peut-être un jour une *startup* émerger et proposer non pas un moteur de recherche de mots-clés comme Google, mais un moteur de recherche d'idées.

Évidemment les outils de création assistée sont seulement la première étape avant de développer des systèmes encore plus intelligents et plus autonomes, et qui combinent les pétaoctets de données disponibles sur le Web. Dans le chapitre suivant, je veux pousser un peu plus loin ma réflexion sur une façon qu'on pourrait entrevoir de développer une intelligence créatrice entièrement autonome.

Les agents intelligents

———

Dans le chapitre précédent, j'ai démontré qu'il est concevable de combiner l'intelligence artificielle avec celle des humains afin d'augmenter la capacité créatrice de ces derniers. J'ai démontré également comment on peut mettre à profit la quantité phénoménale de connaissances que l'on retrouve aujourd'hui sur le Web pour générer de nouvelles idées beaucoup plus rapidement qu'avant. Cette intelligence mixte, mariant l'intelligence naturelle et artificielle, permettra aux humains d'aller au-delà des idées servant nos besoins fondamentaux au même titre que l'invention de l'écriture a pu le faire. On peut imaginer des outils de création mixte qui permettent d'étendre la pensée humaine au-delà de nos connaissances apprises durant toute notre vie à l'école et au travail.

Maintenant, si l'on pousse le concept un peu plus loin, est-ce possible d'imaginer une intelligence artificielle qui serait capable de s'autogérer et de créer de nouvelles idées sans l'intervention humaine ? Comme on l'a vu précédemment, la création est un processus naturel qui n'est pas exclusif aux humains, bien que ces derniers soient les plus avancés dans ce domaine sur terre. Cette aspiration à développer un être autonome et supérieur peut provenir d'un désir d'imiter Dieu dans sa création ultime. Dans la plupart des religions, les dogmes dictent les limites de l'intervention des humains sur la terre. Avec la science, ses limites semblent disparaître et notre ambition et parfois notre impertinence nous poussent à pousser les limites de nos connaissances pour le mieux et parfois pour le pire. C'est le cas entre autres avec les dernières découvertes en génétique. Si l'on ne trace pas les limites nous-mêmes, il peut arriver des dérives qui à long terme seront nuisibles à nous et à la planète entière.

Les sentiments des robots

DANS LES CHAPITRES précédents, j'ai mentionné que les systèmes informatiques de données comprennent une quantité incroyable de données, de connaissances qui, selon moi, pourraient être modélisées afin d'en extraire leurs liens et leur sens en fonction du contexte, structure essentielle à la création. J'ai également mentionné que, bien que nécessaires, ces conditions de base, soit les données et leurs relations entre elles, ne sont pas suffisantes pour qu'un être vivant ou cybernétique puisse créer. Il faut ajouter à cela des contraintes et surtout une motivation pour entreprendre le processus créatif. Chez l'humain, les contraintes sont souvent guidées par notre vie en société et les motivations par nos peurs et nos joies ou encore l'empathie ou l'esprit de découverte.

La question est donc de savoir comment on peut inculquer ou encore simuler les notions de contraintes et de motivation à un ordinateur. À ce que je sache, un ordinateur ne ressent pas la peur lorsque je mets la main sur le fil d'alimentation qui potentiellement l'éteindra. Il ne saute pas de joie également lorsqu'il résout un problème mathématique complexe ou gagne une partie d'échecs contre le maître Garry Kasparov.

Mais faut-il penser comme cela pour un ordinateur ? Est-ce qu'il faut définir la peur et la joie de la même façon pour un ordinateur, de la même manière que nous les percevons ? On a souvent un réflexe anthropocentrique quand on bâtit des machines comme les ordinateurs et l'on a tendance à comparer l'intelligence artificielle à celle des humains. Mais on sait très bien que c'est un faux débat et que l'on doit penser différemment, car les ordinateurs sont des systèmes différents de nous. Ils ne seront jamais notre égal. Juste différents.

Également, il faut s'enlever de la tête que les ordinateurs puissent créer des œuvres artistiques de façon volontaire pour leur propre plaisir. Ça serait contre leur nature. Pour les humains, l'art est une façon de s'exprimer, mais aussi d'apprécier les choses. C'est un sentiment guidé essentiellement par les sentiments humains. Pour une machine, où le bonheur se mesure par une fonction de coût, l'art n'a pas de sens pour lui. Tout ce qui lui importe, c'est l'optimisation d'une expression mathématique.

Pour un ordinateur, la peur et la joie peuvent être définies par une fonction de coût qui augmente et diminue selon les résultats et les mesures. En mathématiques, une « fonction de coût » ou une « fonction de perte » est une fonction qui met en correspondance un événement ou des variables avec un nombre réel représentant intuitivement un certain « coût » associé à l'événement. Un problème d'optimisation cherche à minimiser une fonction de perte.

Dans un système intelligent autonome, que j'appellerai à partir d'ici « agent intelligent », on doit imaginer un algorithme où sa seule fonction est de réduire la valeur de la fonction de coût. C'est sa motivation, ce qui fait son « bonheur numérique ».

De la même manière, nous les humains tentons de trouver le bonheur en optimisant nos sentiments qui, comme on l'a dit, sont un processus physico-chimique bien connu. La joie et la peur peuvent être définies par un balancement hormonal (la dopamine et la sérotonine) dans notre corps. On peut s'imaginer le corps humain constitué d'une société de cellules simples qui vise à optimiser une fonction de coût, soit celle des hormones.

Une autre caractéristique importante d'un agent intelligent est la possibilité de valider certaines hypothèses qui à première vue ne sont pas prévisibles. Comme nous le savons tous, les ordinateurs sont programmés pour réaliser des fonctions spécifiques et pour donner des résultats précis. On ne programme pas les ordinateurs pour donner de mauvaises réponses. Mais c'est cependant ce qu'il faut pour qu'un système autonome puisse générer de nouvelles idées, car il doit, comme chez l'humain, explorer de nouveaux concepts en pensant « hors de la boîte ».

L'algorithme de création autonome doit avoir la capacité de générer des hypothèses et valider les résultats, soit via des calculs, soit des simulations. Comme il est encore difficile pour l'ordinateur de tester ses idées dans le monde réel, sauf peut-être par l'avancement de la robotique, il doit se construire un monde virtuel où il pourra tester certaines idées sans mettre en danger la vie des humains.

Dès 1969, des scientifiques de l'Université Stanford ont imaginé un programme informatique apte à formuler des hypothèses quant à la structure de molécules. Neuf ans plus tard, une équipe de Smith Kline and French Laboratories a présenté un prototype de système de synthèse en circuit fermé qui permettait de mélanger des liquides et d'échantillonner le résultat, le tout branché à un ordinateur. L'objectif était de voir s'il était possible d'automatiser une réaction chimique, d'entrer simplement les paramètres pour qu'elle se fasse, sans que quelqu'un intervienne dans le processus.

Cependant, il a fallu attendre 2009 pour qu'Adam, un robot britannique, avance une hypothèse au sujet du génome d'une levure et la confirme lui-même. Ces quatre dernières années, des équipes ont utilisé des laboratoires autonomes pour la synthèse de nanotubes de carbone, pour la production d'alliages qui conservent la mémoire de leur forme initiale et même pour la découverte de nouvelles réactions chimiques, entre autres.

Étant donné des temps de calcul souvent trop longs pour résoudre un problème d'optimisation, on a souvent recours à des méthodes plus rapides qui donnent des résultats suboptimaux, c'est-à-dire pas tout à fait corrects, mais pas loin. On utilise souvent des réseaux d'ordinateurs ou de super ordinateurs afin de résoudre ce genre de problème. Les ordinateurs quantiques que l'on développe aujourd'hui ont le potentiel de réduire sensiblement les temps de calcul.

Des machines à inventer

EN 1992, LE CHERCHEUR Steve Thaler a réalisé des expériences bizarres dans lesquelles les neurones des réseaux neuronaux artificiels étaient détruits de manière aléatoire. Et deviner quoi ? Les réseaux ont d'abord revécu toutes leurs expériences (c'est-à-dire le bilan de leur vie) puis, à des stades avancés de destruction, ont généré de nouvelles expériences. Ces recherches ont débouché à la fois sur un modèle mathématique convaincant de l'expérience de mort imminente (Near-Death Experience) et sur la base d'une intelligence artificielle véritablement créative et contemplative. Thaler a décidé d'ajouter des réseaux supplémentaires pour observer et filtrer automatiquement tous les remue-méninges émergents. De cette architecture de réseau est née la « Creativity Machine ».

Dans ces recherches initiales, les réseaux neuronaux étaient entraînés sur une collection de modèles représentant un certain espace conceptuel (des exemples de musique, de littérature ou de composés chimiques connus), et la force de leurs connexions internes variait de petites quantités aléatoires. Étonnamment, Thaler a découvert que si ce chatouillement synaptique était suffisamment fort, les unités de sortie du réseau s'activaient de manière prédominante dans des modèles représentant de nouveaux concepts potentiels généralisés à partir des exemples d'entraînements originaux (c'est-à-dire de la nouvelle musique, de la nouvelle littérature ou de nouveaux composés chimiques, auxquels il n'avait jamais été exposé par l'apprentissage). En fait, le réseau « pensait en dehors du cadre », produisant des connaissances nouvelles et cohérentes à partir de ses souvenirs, tout cela grâce au bruit soigneusement dosé qui lui était injecté.

Au cours de la dernière décennie, Thaler a proposé un paradigme d'IA totalement nouveau appelé « DABUS » qui conçoit de nouvelles inventions et formes d'art. Il ne s'agit pas d'optimisations paramétriques, mais de concepts entièrement nouveaux formés par les liens entre une myriade de réseaux neuronaux artificiels. DABUS est une proposition totalement différente de celle des « Creativity Machine », qui commence comme un essaim de nombreux réseaux neuronaux déconnectés, chacun contenant des souvenirs interdépendants. Ces réseaux se combinent et se détachent constamment en raison d'un chaos soigneusement contrôlé introduit entre eux. Puis, grâce à des cycles cumulatifs d'apprentissage et d'oubli, une fraction de ces réseaux s'interconnecte en structures représentant des concepts complexes. À leur tour, ces chaînes de concepts ont tendance à se connecter à d'autres chaînes représentant les conséquences anticipées d'un concept donné. Par la suite, ces structures éphémères s'effacent, tandis que d'autres prennent leur place. Thaler déposa un brevet dans des offices de brevets du monde entier, notamment aux États-Unis, en Europe, en Australie et en Afrique du Sud, désignant DABUS comme l'inventeur, mais seule l'Afrique du Sud a accordé le brevet, suivi quelques jours plus tard par l'Australie.

D'autres pionniers de l'IA comme John R. Kozaet, professeur adjoint à l'Université de Stanford, est l'inventeur de la programmation génétique, une approche révolutionnaire de l'intelligence artificielle (IA) capable de résoudre des problèmes d'ingénierie complexes sans pratiquement aucune intervention humaine. Les 1000 ordinateurs en réseau de Koza ne se contentent pas de suivre une routine préétablie. Ils créent, faisant pousser des conceptions nouvelles et inattendues à partir du code le plus élémentaire. Ce sont des ordinateurs qui innovent, qui trouvent des solutions non seulement égales, mais meilleures que le meilleur travail d'experts humains. Sa « machine à inventer », comme il aime l'appeler, a même obtenu un brevet américain pour avoir mis au point un système destiné à rendre les usines plus efficaces, l'une des premières protections de la propriété intellectuelle jamais accordées à un concepteur non humain.

Réseau de voitures autonomes et intelligentes

LES EXEMPLES DE LABORATOIRES autonomes sont des systèmes fonctionnels qui permettent de générer de nouvelles connaissances sans intervention humaine. Alliant la robotique et l'IA, ces systèmes sont capables d'automatiser des expériences qui nécessitent des manipulations longues et fastidieuses. C'est un exemple de ce qu'on peut appeler un agent intelligent. Maintenant, poussons un peu plus loin notre idée d'agent intelligent et supposons pour un moment que ce type de système puisse travailler en réseau.

Vous avez probablement entendu parler des voitures autonomes qui ont été développées ces dernières années. Une voiture autonome est un véhicule capable de modéliser son environnement et de fonctionner sans intervention humaine. Il n'est pas nécessaire qu'un passager humain prenne le contrôle du véhicule à tout moment ni qu'il soit présent dans le véhicule (comme si l'on n'avait pas assez de véhicules sur la route). Une voiture autonome peut aller partout où va une voiture traditionnelle et faire tout ce que fait un conducteur humain expérimenté. Plusieurs compagnies comme Google, Tesla et même Uber développent des voitures entièrement autonomes qui devraient circuler librement sur nos routes dans les prochaines années.

Imaginer que ces véhicules soient tous connectés en réseau avec des systèmes intelligents qui contrôlent les feux de circulation et les caméras de surveillance installées le long des routes. Chaque véhicule serait programmé de telle sorte que leur objectif, ou leur fonction de coût soit d'augmenter la fluidité du trafic sur les routes et de réduire les accidents. On suppose ici que la plupart des véhicules circulant sur la route sont autonomes et intelligents.

Cet agent intelligent a la capacité de contrôler la durée des feux de circulation, ou de contrôler la vitesse des véhicules. Son environnement de test est constitué d'une image parfaite du réseau routier et des flux moyens des véhicules sur la route à différentes heures. C'est ce qu'on appelle un jumeau numérique. Ce jumeau permet de générer des simulations de contrôle des feux ou des véhicules et de valider différentes hypothèses.

Lorsqu'un véhicule franchit une intersection, il calcule son temps d'arrêt et sa vitesse. Il transmet cette information aux agents intelligents qui comparent ces valeurs avec celles des autres véhicules autonomes circulant sur la route. L'intelligence créatrice centrale va alors tenter d'inventer une procédure ou une nouvelle configuration afin d'optimiser le temps de parcours des véhicules tout en minimisant le nombre d'accidents.

En testant différents scénarios, l'agent intelligent estime que de changer la programmation de la séquence des feux de la circulation permet de sauver 20 % du temps de parcours moyen des véhicules. Il programme alors les boîtes de contrôle des feux dans une section de la ville et valide en pratique ses hypothèses. Il mesure les impacts réels de ses changements à l'aide des senseurs placés sur les véhicules et en analysant les images provenant des caméras de surveillance placées aux abords des routes. Il s'aperçoit au bout d'une certaine période que le temps sauvé par les véhicules tourne plus autour de 10 % au lieu de 20 % et que le nombre d'incidents augmente légèrement.

Il émet alors d'autres hypothèses, les simule sur son jumeau numérique et les valide de nouveau. N'obtenant pas les résultats souhaités, il décide de changer de stratégie et de contrôler directement la vitesse des véhicules à l'approche des intersections. En validant sur quelques intersections, il observe une diminution du temps de parcours de plus de 30 %. Il est « heureux ! » Il pourra continuer de jouer à ce jeu de trafic partout tant qu'il sera opérationnel.

Il pourra même partager ses découvertes à d'autres agents intelligents partout dans le monde qui ont le « plaisir » de jouer au même jeu. Ils pourront alors bénéficier de l'expérience des autres et peut-être obtenir des solutions plus rapidement.

On voit qu'il est possible d'envisager un système intelligent qui apprend par lui-même et qui développe des méthodes qui répondent à un besoin défini d'avance. Il faut évidemment avoir une certaine confiance à ce type de processus, car les machines peuvent intervenir dans notre monde et affecter nos vies. En effet, si l'agent intelligent met en œuvre une stratégie de contrôle qui empire la situation et met en danger la vie des gens, on aura moins tendance à lui faire confiance.

La théorie du « beigne »

L'AUTEURE ET ÉCONOMISTE Kate Rayworth a proposé dans son livre *Doughnut Economics* un modèle économique basé sur l'équilibre entre les besoins essentiels des humains (nourriture, logement, santé et représentation politique), tout en veillant à ce que, collectivement, nous ne dépassions pas les capacités limitées des ressources naturelles, tout en respectant les conditions fondamentales de la vie sur terre, comme un climat stable, des sols fertiles et une couche d'ozone protectrice.

Elle illustre ce modèle par un « beigne ». Le plafond environnemental (limite extérieure du beigne) est constitué de neuf frontières planétaires au-delà desquelles se trouvent des dégradations environnementales inacceptables et des points de bascule potentiels dans les systèmes terrestres. Les douze dimensions du socle (limite intérieure du beigne) social sont dérivées des normes sociales minimales convenues au niveau international. Entre les frontières sociales et planétaires (entre les deux cercles du beigne) se trouve un espace écologiquement sûr et socialement juste dans lequel l'humanité peut s'épanouir.

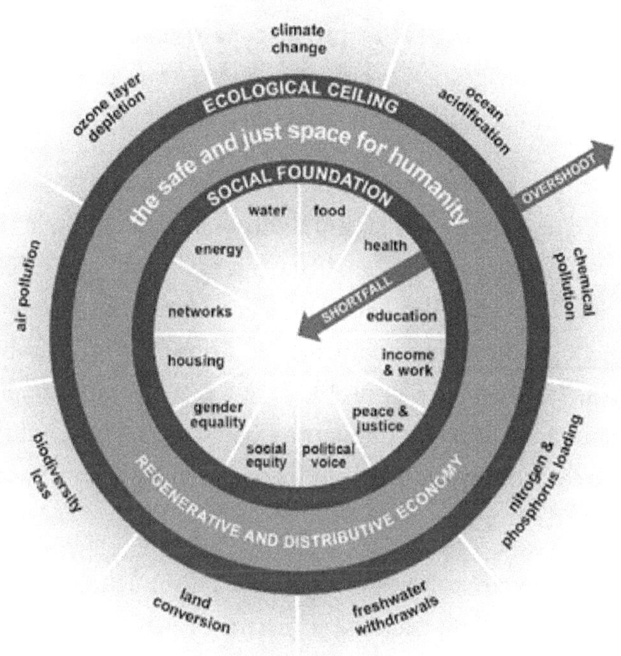

Doughnut Economics de Kate Rayworth (Source : kateraworth.com)

J'AIME BEAUCOUP CE modèle, car il reprend mon idée systémique que nous devons vivre en équilibre à l'intérieur d'un système planétaire et que nos dérives ont la fâcheuse habitude d'affecter l'environnement et nos conditions sociales. Il existe, comme dans tout système, un équilibre qui peut être atteint, moyennant certains compromis et qui permettrait d'assurer notre survie comme espèce sur terre.

Cependant, afin de parvenir à cet équilibre, il faut que les différents gouvernements viennent s'entendre sur des politiques et des normes à atteindre. Les différents accords internationaux, comme l'Accord de Paris sur le climat, visent justement à tenter de définir ces normes. Malheureusement, ces accords sur le climat vont souvent à l'encontre des programmes politiques des différents partis et peuvent changer soit par l'arrivée de dirigeants populistes ou encore sont mis de côté par l'arrivée d'autres calamités comme la crise de la COVID-19.

Comme on le constate aujourd'hui, tous les habitants de la planète font partie d'un système où les différents secteurs comme le transport, l'énergie, l'économie et l'environnement sont intrinsèquement dépendants les uns des autres. Cependant, les humains ont énormément de difficulté à contrôler et à optimiser l'ensemble de ces paramètres, car d'un côté le problème est hyper complexe et, d'autre part, chacun a des intérêts différents et qu'il y a un déséquilibre de la répartition de la richesse qui fait en sorte que certains pays vont évoluer plus vite que d'autres.

Vous pouvez me trouver pessimiste, mais personnellement je n'ai pas grand espoir à ce qu'on réussisse à mettre en place des politiques qui permettront d'échapper aux changements climatiques, car les intérêts de chaque pays sont trop différents. À mon avis, il faut assurer la transition vers les énergies renouvelables tout en se préparant à gérer les dégâts créés par les changements climatiques. Certains prétendent que nous pourrons sauver notre espèce en appliquant des solutions technologiques à nos problèmes : énergie renouvelable, captation du carbone, transport électrique, etc. Cependant, les partisans de cette solution se basent sur la prémisse que notre niveau de vie ne change pas et que celui des pays pauvres augmente. Personnellement, ceci va à l'encontre de notre recherche d'équilibre avec la nature. Comme dans le cas de la pandémie de COVID-19, il faudra attendre des catastrophes majeures au niveau global avant de réagir.

Bref, je ne veux pas faire ici un débat sur ce sujet qui me tient à cœur, mais je voulais juste illustrer un point qui est la difficulté qu'ont les humains à résoudre un problème global qui comprend plusieurs facettes : politique, économique, technologique et éthique.

Mais permettez-moi de rêver un peu. Imaginons un monde où la plupart des systèmes qui dominent nos vies, comme l'agriculture et la gestion de la distribution alimentaire, celle de la production de l'énergie, de l'économie et de l'environnement seraient gérés par des agents intelligents autonomes qui auraient la capacité d'optimiser ces différents systèmes.

Dans ce monde futuriste, chaque agent intelligent aurait sa définition du « bonheur », sa fonction de coût. Pour les transports, on a vu comment les agents peuvent agir dans la section précédente. Les agents responsables de la gestion de l'énergie auraient comme objectif de garder le système opérationnel et de répondre à la demande d'énergie de la planète. Les agents responsables de l'économie viseraient à optimiser les portefeuilles des fonds monétaires. Ils seraient en lien avec les agents s'occupant de la fabrication manufacturière afin de gérer l'offre et la demande de façon précise. D'autres s'occuperaient de gérer l'environnement en contrôlant le gaspillage et en maximisant la récupération et le recyclage afin de protéger les écosystèmes et la diversité. Grâce à Internet, les agents intelligents pourraient communiquer entre eux, et leurs intérêts pourraient être tous mis en commun.

Ce concept de gestion du monde par les agents intelligents pourrait à terme faire bénéficier les humains en réduisant les inégalités sociales et en améliorant notre environnement. On pourrait atteindre plus facilement cet équilibre tant recherché.

La morale de la vie artificielle

AU DÉBUT, LES RÈGLES définissant les fonctions de coûts de différents systèmes seraient évidemment teintées de nos intérêts personnels. Un agent économique s'occupant de l'économie américaine n'aurait pas les mêmes exigences que celle de l'économie chinoise. On risque donc de ne pas être capable de gérer globalement toute notre économie de façon autonome.

Il faudra alors permettre que les algorithmes puissent créer de nouveaux agents et définir des règles sans que nous intervenions. Ces nouvelles « naissances » d'agents intelligents permettraient à long terme d'atteindre les objectifs d'optimisation globale.

Donc, si l'on veut éventuellement libérer les ordinateurs pour qu'ils puissent se développer et se « procréer », il est primordial de définir dès le début quels sont les objectifs qu'ils doivent atteindre, ou autrement dit définir le « sens à leur vie ».

L'auteur de science-fiction Isaac Asimov a décrit dans ses fameux romans *Les robots* trois règles qui doivent absolument être suivies par les robots :

1. Un robot ne peut porter atteinte à un être humain ni, restant passif, laisser cet être humain exposé au danger.
2. Un robot doit obéir aux ordres donnés par les êtres humains, sauf si de tels ordres entrent en contradiction avec la première loi.
3. Un robot doit protéger son existence dans la mesure où cette protection n'entre pas en contradiction avec la première ou la deuxième loi.

En effet, si on laisse les agents intelligents tenter d'optimiser les systèmes sans mettre de règles préalables, ils pourraient nous nuire, sans s'en rendre compte.

Prenons l'exemple des « agents environnementaux » qui ont pour objectif de réduire notre empreinte écologique. L'agent environnemental aura des échanges avec les « agents économiques », les « agents manufacturiers » et « l'agent de la santé ». Si aucune règle n'est mise en place, l'agent environnemental pourrait tout aussi bien décider que la surpopulation humaine est le facteur qu'il faut optimiser. En effet, si l'on regarde les problèmes actuels d'environnement de façon tout à fait déconnectée, une solution « simple » serait de nuire aux humains et à leur consommation en réduisant volontairement la fabrication et l'exploitation de biens afin de réduire notre consommation.

Je vous vois déjà pousser les « holà ! » et « WTF! » et vous aurez raison. Mais pris d'une façon purement systémique, la surpopulation combinée par notre soif de toujours plus consommer fait partie intégrante de nos problèmes avec l'environnement. La preuve étant que les mécanismes naturels de défense contre les changements nuisibles, comme propager des virus et changer les conditions climatiques sont des réactions naturelles de notre écosystème afin de réduire le désordre causé par la pollution et la surpopulation. Tout doit s'équilibrer dans la nature.

Les agents intelligents pourraient en arriver à la même conclusion que la nature. Il y a trop d'humains sur la Terre qui consomment trop de ressources. Les agents pourraient alors mettre en place des solutions draconiennes et déclarer la « guerre » aux humains.

Ce concept d'agent intelligent, dictateur de notre monde, est-il souhaitable ? Peut-on faire confiance à des systèmes intelligents numériques sachant très bien qu'ils ont été programmés à la base par des humains ? Je ne crois pas qu'un tel système aussi intégré et fonctionnant sans contrôle externe puisse être une bonne chose. C'est le rêve, qui au départ veut le bien, d'un système totalitaire comme bien des pays ont vécu et essayent encore d'appliquer. C'est soumettre l'humanité à une gestion technocratique absolue.

En 1949, l'auteur de science-fiction George Orwell a publié le roman d'anthologie *1984*, dans lequel il décrit dans son livre un terrifiant monde totalitaire où les libertés ont laissé place à la terreur et à une répression sans merci. Dans ce monde, tous les individus sont sous contrôle et se ressemblent, tout est uniformisé. Si rien n'est fait, la technologie continuera d'évoluer et l'on pourra peut-être se retrouver dans des conditions où les agents intelligents, au service des grandes nations, pourraient contrôler nos vies et tuer du même fait nos désirs de créer, de la même façon que l'a fait l'Église durant le Moyen Âge.

Peut-être peut-on imaginer des agents dans divers domaines stratégiques pour le bien-être de l'humanité et de son environnement naturel et social où l'humain aurait toujours le contrôle de sa destinée. Mettre tous nos œufs dans le même panier. C'est le problème actuel, et cela a des conséquences de sécurité importantes. C'est un rêve de déshumanisation, c'est l'abandon de l'humanité. Comme dirait l'adage : il faut faire attention à ce qu'on rêve, car il pourrait se réaliser.

Dérives

On peut dire que dans l'histoire de l'humanité, les types d'inventions et de créations peuvent se diviser en trois catégories, soit les créations artistiques, les inventions utiles et celles nuisibles. Je n'ai pas fait le décompte, mais je parierais cependant que nous avons créé plus d'inventions nuisibles que d'inventions bénéfiques pour les humains. Comme les guerres sont souvent des moments où la créativité humaine est à son meilleur, on peut se questionner sur la pertinence de nos inventions. Il y a bien eu de grands penseurs humanistes qui ont créé de grandes choses, mais la nécessité des guerres et de notre survie a plutôt permis de développer des choses contre nature.

Un bon exemple de créateur dont l'œuvre est ambiguë est Léonard de Vinci. Leonardo, né le 15 avril 1452 en Toscane, est un peintre italien et un homme d'esprit universel, à la fois artiste, scientifique, ingénieur, inventeur, anatomiste, sculpteur, architecte, urbaniste, botaniste, musicien, poète, philosophe et écrivain (mon idole !). Bien que reconnu pour ses œuvres artistiques comme la Joconde ou la Cène, il a surtout été recommandé par les princes et les rois pour ses talents d'ingénieur de guerre. Il a souvent imaginé de nombreuses machines de guerre, comme des mitraillettes, des *tanks* ou encore des machines volantes. Il étudie donc les armes tout en gardant un certain recul quant à leur utilisation.

Un autre bon exemple de développement rapide lié à la guerre, c'est celui des avions. Cette technologie développée initialement par des pionniers, comme les frères Wright, Clément Ader et Louis Blériot, a connu un développement accéléré lors des deux grandes guerres mondiales du XXe siècle. Il est triste à dire, mais si l'on n'avait pas connu ce genre d'épreuve, l'avion serait encore un passe-temps pour les milliardaires de ce monde.

On pourrait dire la même chose de nombreuses inventions. La guerre, malgré le lot de désolation qu'elle apporte, est un catalyseur important de la création humaine.

Un vrai faux monde

LES TECHNOLOGIES NUMÉRIQUES dont fait partie l'intelligence artificielle n'y échappent pas. On n'a qu'à constater les effets qu'a cette technologie sur la désinformation. Depuis la création des réseaux sociaux comme Facebook et Twitter, nous sommes littéralement noyés d'informations sur les événements et les actions de tout un chacun, importants ou pas. De petits événements comme l'arrestation brutale d'un Afro-Américain par un policier seraient passés inaperçus il y a à peine une dizaine d'années, mais sont amplifiés de façon exponentielle grâce aux réseaux sociaux (ce qui est une bonne chose dans ce cas-ci).

La quantité nouvelle d'informations générée chaque jour par les réseaux sociaux est tellement grande qu'il est parfois difficile d'y voir clair. Car à travers cette nuée de nouvelles publiées chaque jour, certains trouvent un malin plaisir à y propager de fausses nouvelles ou à faire de la propagande haineuse.

Évidemment, vous me direz que la propagande et la diffusion de fausses nouvelles ne sont pas un phénomène nouveau. Durant les grandes guerres justement, elles furent un outil indispensable pour galvaniser les troupes et garder le soutien de la population et cela des deux côtés.

La différence aujourd'hui est la vitesse à laquelle ces informations se propagent et aussi l'accroissement du nombre de groupes d'intérêt qui propagent ces informations frauduleuses.

De plus, les gens qui adhèrent ou s'intéressent à une idéologie ou une autre sont amenés à polariser leur point de vue à cause de l'intelligence artificielle. « L'algorithme », comme le disent si bien les médias, est en fait des méthodes d'intelligence artificielle qui sélectionnent et affichent certaines nouvelles pour vous en fonction de vos habitudes de navigation sur le Web, votre âge, votre sexe, l'endroit où vous vivez et bien d'autres paramètres. Par exemple, une personne qui s'intéresse aux armes à feu et qui regarde des vidéos de guerre et sur Hitler pourra être prédisposée à recevoir des informations haineuses.

En fait, « l'algorithme » est rendu si puissant et tellement hors de contrôle que certaines personnes iront profiter de ce phénomène afin d'influencer le vote aux élections. C'est ce qu'on a pu voir entre autres lors de l'élection de Donald Trump ou du référendum sur le Brexit. Cette histoire, qui gagne à être connue, illustre bien le type de dérive que l'intelligence artificielle peut amener. Voici comment ça s'est passé.

En 2014, des chercheurs du Centre psychométrique de l'université de Cambridge ont développé des méthodes pour comprendre le profil psychologique d'une personne seulement grâce à son activité sur Facebook, notamment en fonction de ce qu'elle « *like* ». Un cabinet londonien spécialisé dans les études de consommation et d'opinion politique, Cambridge Analytica, s'intéresse à ces travaux et les approche pour travailler avec eux.

L'entreprise est engagée pour la campagne présidentielle de Donald Trump afin d'optimiser le ciblage des audiences pour l'affichage des publicités en ligne et des appels aux dons. Elle aurait également collaboré avec le camp du Brexit, ce que l'organisation dément officiellement. Outre le fait que l'entreprise a été accusée d'utiliser des données personnelles de façon illicite, les conséquences de ses travaux ont eu des répercussions bien plus importantes.

En gros, grâce à des algorithmes d'intelligence artificielle et connaissant les biais psychologiques des utilisateurs, l'entreprise a pu influencer en quelque sorte l'issue du vote. On voit ici comment une technologie qui, au départ, visait à maximiser les revenus publicitaires pour les entreprises sur les réseaux sociaux en arrive à influencer subtilement l'opinion publique et porter atteinte à notre démocratie.

Cette aventure me fait penser à la fameuse trilogie de science-fiction écrite par Isaac Asimov, intitulée *Fondation*. Dans ses romans, le personnage principal est Hari Seldon, un brillant visionnaire qui a développé une nouvelle science appelée psychohistoire et qui se base sur les mathématiques et les probabilités pour prédire l'avenir. N'ayant pas la capacité d'empêcher le déclin de l'humanité qu'il prédit, Seldon rassemble les meilleurs scientifiques et érudits de la galaxie sur une planète extérieure sinistre et entreprend de préserver les connaissances accumulées par l'humanité et de fonder une nouvelle civilisation basée sur l'art, la science et la technologie. Il appelle son sanctuaire « Fondation » et le conçoit pour résister à un âge sombre d'ignorance, de barbarie et de guerre qu'il prédit devoir durer 30 000 ans.

La technologie utilisée par Cambridge Analytica est un peu similaire, en ce sens qu'elle permet de prédire le comportement des personnes en général en se basant uniquement sur leur profil. Les humains sont tellement prévisibles que l'on pourra éventuellement développer des méthodes permettant de prédire le comportement des masses.

À terme, ce genre de manipulation de l'information peut avoir des conséquences graves sur nos sociétés. On le voit aujourd'hui par la polarisation des opinions face à des enjeux comme l'environnement, la pandémie ou la possession d'armes aux États-Unis.

Une guerre connectée

UNE GRANDE TENDANCE dans le domaine technologique réside dans les objets connectés, qu'on appelle aussi « l'Internet des objets » ou IdO ou (*IoT* en anglais). Ce type de technologie vise à connecter au réseau Web tout genre d'objets courants, comme votre montre, votre réfrigérateur et votre cellulaire. L'idée est de créer un super réseau d'objets connectés qui permet de générer des tonnes de données qui seront analysées par des algorithmes d'IA.

Par exemple, les assistants vocaux comme Amazon Echo et Google Home font partie des appareils connectés les plus populaires dans l'IdO grand public. Les utilisateurs peuvent s'adresser à des assistants vocaux comme Alexa pour obtenir de l'aide dans l'exécution de diverses fonctions, notamment pour écouter de la musique, fournir un bulletin météo, obtenir des résultats sportifs, commander un Uber, etc.

De plus, les montres intelligentes comme les Fitbit suivent vos pas, les étages montés, les calories brûlées et la qualité de votre sommeil. L'appareil se synchronise également avec les ordinateurs et les *smartphones* via le WiFi pour transmettre vos données de *fitness* sous forme de graphiques compréhensibles afin de suivre vos progrès.

L'IdO a le potentiel de transformer des villes entières en résolvant des problèmes réels auxquels les citoyens sont confrontés chaque jour. Avec les connexions et les données appropriées, l'Internet des objets peut résoudre les problèmes de congestion du trafic et réduire le bruit, la criminalité et la pollution. La firme Inrix de Seattle a développé une infrastructure physique qui fournit des données en temps réel sur l'état du trafic routier. Elle recueille des flux de données auprès des autorités locales de transport, des capteurs installés sur les réseaux routiers, des véhicules de flotte tels que les camionnettes de livraison, les camions de transport longue distance et les taxis, et les autres usagers de la route. Les données comme la vitesse et la densité du trafic permettent de créer des cartes de congestion indiquant les points chauds de la route, et permettent même de prédire le trafic à venir basé sur l'historique des mesures et des événements spéciaux comme les incidents ou ceux qui surviennent lors d'un match de football.

Le problème de ce monde connecté est qu'il dépend d'une infrastructure électronique vulnérable. Sans nous en rendre compte, nous dépendons de plus en plus de ces gadgets électroniques. Combien d'entre vous se sont retrouvés soudainement impuissants lorsqu'une panne d'électricité intervient lorsque vous êtes au bureau ? Tout à coup, personne n'est capable de continuer à travailler. Vous sortez tous dans les corridors et commencez à discuter avec vos collègues en espérant que l'électricité revienne.

En plus de notre dépendance aux ordinateurs au bureau, ces derniers gèrent la plupart des infrastructures dans nos villes aujourd'hui. Ils gèrent le réseau électrique, les feux de la circulation, l'alimentation en eau potable, notre économie, bref à peu près tout ce qui est essentiel et vital. Ajoutez à cela tous les objets peut-être moins utiles comme vos cellulaires et vos montres, et vous réalisez que nous sommes entièrement dépendants et vulnérables à ces technologies.

La pandémie de la COVID-19 nous a fait comprendre l'importance d'être préparé. Au tout début de la crise, la pénurie de masques et de respirateurs dans les hôpitaux nous a fait constater que nous n'étions pas prêts à faire face à cette menace, malgré les nombreuses mises en garde faites par les experts auparavant. De la même façon, nous faisons face à une autre menace tout aussi importante et qui pourrait faire imploser notre société : celle des cyberattaques.

Les cyberattaques ne sont pas un phénomène nouveau. Chaque année, des dizaines d'entreprises et de particuliers se font infecter par des virus informatiques provenant de la Russie, de la Chine et d'autres pays hermétiques. Ces attaques vicieuses et pernicieuses paralysent les systèmes informatiques des grandes entreprises et coûtent excessivement cher à celles-ci. Elles doivent verser des rançons à leur ravisseur, allant de quelques dizaines de milliers de dollars à plusieurs millions sous forme de bitcoins ou autres cryptomonnaies, afin que ceux-ci puissent leur transmettre le code permettant de décrypter leurs données. C'est sans compter les frais astronomiques des consultants experts en cybersécurité qu'ils doivent engager et qui parfois sont aussi élevés que la rançon elle-même.

Selon les données recueillies par Cisco et d'autres spécialistes de la sécurité dans le monde, il y aurait quelque 122 attaques réussies par semaine, entraînant des pertes s'élevant de 300 milliards $ à 1400 milliards $ au niveau mondial liées aux pertes de propriété intellectuelle, de temps et de récupération des données.

Depuis le début de la pandémie, le nombre de cyberattaques a considérablement augmenté. Il aurait crû de 151 % au cours des six premiers mois de 2020 comparativement à la même période l'année précédente, selon une étude du Centre des opérations de sécurité de la firme américaine d'analyses Neustar. Avec l'augmentation du télétravail, les failles de sécurité augmentent parallèlement. Malgré toutes les précautions que peuvent prendre les entreprises en matière de cybersécurité, il reste que le maillon faible est encore les utilisateurs.

À l'époque de la Rome antique, la Méditerranée était peuplée de pirates qui semaient la terreur à travers l'Empire, en attaquant et en pillant les bateaux marchands. En 67 av. J.-C., le sénat romain ordonna au célèbre général Pompé de faire la lutte contre ce fléau qui menaçait l'économie et la paix romaine.

Outre une autorité presque sans limites, il est alors doté de moyens importants pour mener à bien sa mission. Il disposera de tout l'argent public qui lui sera nécessaire pour lever une flotte de guerre de 500 voiles ainsi que 120 000 combattants.

Pompée s'acquitte de sa tâche avec une étonnante efficacité. En quarante jours, il nettoya le pourtour de la péninsule italique. Moins de deux mois plus tard, la Méditerranée était de nouveau ouverte au libre commerce.

Aujourd'hui, le combat est le même, mais les pirates de notre époque naviguent dans une mer numérique. La menace pour notre sécurité et notre économie est tout aussi importante. Il suffirait d'un tir groupé de cyberterroristes pour mettre au pied une bonne partie de notre économie et même de notre démocratie.

Notre dépendance aux systèmes informatiques est telle qu'il serait inconcevable de penser fonctionner sans eux. La plupart des systèmes critiques qui gèrent notre société, comme les transports, l'énergie, les finances et l'économie, dépendent de systèmes d'information qui sont pour la plupart du temps vulnérable.

Avec les objets connectés, le nombre de failles ne cessera d'augmenter. Chaque petit appareil sera un cheval de Troie pour pénétrer les systèmes.

Que se passerait-il si des pirates informatiques parrainés par l'État lançaient des attaques généralisées qui priveraient des villes entières de courant ? Qui paralyseraient les banques et gèleraient les distributeurs automatiques de billets dans tout un pays ? Qui fermeraient les compagnies maritimes, les raffineries de pétrole et les usines ? Qui paralyseraient les aéroports et les hôpitaux ?

Plus inquiétant encore, la cyberguerre semble évoluer entre les mains de pays comme l'Iran, la Corée du Nord et la Russie qui développent de nouvelles techniques de cyberattaque perturbatrices et destructrices.

Tout cela signifie que la menace de la cyberguerre pèse lourdement sur l'avenir : une nouvelle dimension de conflit capable de franchir les frontières et de téléporter le chaos de la guerre sur des civils à des milliers de kilomètres du front.

Je vous le prédis, la prochaine « fin de monde » ne viendra pas par des épidémies incontrôlables, mais par le contrôle absolu de nos réseaux informatiques par des puissances étrangères.

L'intelligence artificielle est une technologie transformatrice à double usage qui peut à la fois fournir aux organisations de meilleurs outils de cyberdéfense et aider les adversaires à améliorer leurs méthodes d'attaque.

Le cybersoldat

LES CYBERATTAQUES ALIMENTÉES par l'IA ne sont pas un concept futur hypothétique. Tous les éléments nécessaires à l'utilisation de l'IA offensive existent déjà : des logiciels malveillants hautement sophistiqués, des criminels motivés financièrement et impitoyables, prêts à utiliser tous les moyens possibles pour augmenter leur retour sur investissement, et des projets de recherche sur l'IA en libre accès qui mettent des informations très précieuses à la disposition du domaine public.

L'un des logiciels malveillants contemporains les plus connus, le cheval de Troie Emotet, est un excellent exemple d'attaque par l'IA. Le principal mécanisme de distribution d'Emotet est le « *spam-phishing* » ou hameçonnage, généralement par le biais de factures frauduleuses qui incitent les utilisateurs à cliquer sur des pièces jointes malveillantes. Les auteurs d'Emotet ont récemment ajouté un autre module à leur cheval de Troie, qui vole les données de messagerie des victimes infectées. Emotet a récemment été observé en train d'envoyer des courriels d'hameçonnage contextualisés à grande échelle. Cela signifie qu'il peut s'insérer automatiquement dans des fils de courriels préexistants, conseillant à la victime de cliquer sur une pièce jointe malveillante, qui apparaît ensuite dans le courriel malveillant final. Cette insertion du logiciel malveillant dans des courriels préexistants donne plus de contexte au courriel d'hameçonnage, ce qui le fait paraître plus légitime.

Contre les cyberattaques, les programmes d'IA peuvent passer au crible des pétaoctets de données, identifier des anomalies et même aider une organisation à reconnaître et à diagnostiquer les intrusions avant qu'elles ne se transforment en attaques catastrophiques. L'IA peut également être utilisée pour surveiller et attribuer en permanence des niveaux d'accès à la multitude d'utilisateurs légitimes d'un réseau, qu'il s'agisse d'employés, de clients, de partenaires ou de fournisseurs, afin de garantir que toutes les parties ont l'accès dont elles ont besoin, mais uniquement l'accès dont elles ont besoin.

Remplacer l'humain

EN 2021, LORS D'UNE conférence donnée par Yoshua Bengio, une sommité mondiale en IA où il discutait justement comment les algorithmes pouvaient comprendre et donner un sens aux données, je lui ai posé la question suivante : Pourquoi voulons-nous développer l'IA de façon à nous approcher de l'intelligence humaine ? Pourquoi ne pas considérer l'ordinateur comme une extension de notre cerveau et développer des outils qui permettent de créer et d'inventer plus rapidement, par exemple, au lieu de tenter de nous remplacer ? (Comme vous le constatez, j'étais préparé.)

Sa réponse était que le but n'était pas de nous remplacer, mais de comprendre l'intelligence et de s'en servir pour des fins bénéfiques. Il faut que l'ordinateur soit à notre service et nous permette d'étendre nos capacités d'agir sur le monde. Il mentionne également qu'on doit se poser des questions éthiques sur la manière dont l'IA doit être utilisée. Il considère que nous n'avons pas les bons cadres sociaux et réglementaires pour faire face à des situations qui pourraient aller dans le sens contraire de l'intérêt général. Tout à fait d'accord.

Aujourd'hui, les nouvelles technologies, que ce soit la conduite autonome ou les outils d'analyse d'images médicales, ont des fonctionnalités très spécialisées, qui sont très utiles, mais qui ne font qu'imiter certains processus de notre cerveau. Ces systèmes intelligents sont à la fois très complexes, mais également très rudimentaires par rapport à la complexité de notre cerveau. Il faudra encore des dizaines sinon des centaines d'années avant de voir apparaître une intelligence qui sera aussi complexe que la nôtre (si c'est ce que l'on vise).

Mais pourquoi cette quête de reproduire notre cerveau à tout prix ? Qu'est-ce qui nous pousse à développer des systèmes numériques qui reproduisent ce que les humains peuvent facilement faire (ou relativement facilement) ? Outre le gain financier de la commercialisation des produits de l'IA, pourquoi les entreprises investissent-elles des milliards de dollars dans le développement de cette technologie ? Est-ce qu'on vise à remplacer les humains par des machines ? Est-ce qu'on y voit une façon de se rendre « immortels » en transférant nos connaissances dans une machine ?

Malheureusement, je crois que notre société fait fausse route en s'imaginant remplacer les humains par des ordinateurs. On l'a vu avec le développement de la robotique dans les dernières années. On nous disait alors que les robots allaient remplacer les humains dans les tâches répétitives et ennuyeuses et que l'on pourrait utiliser les humains pour d'autres tâches plus utiles. En vérité, l'automatisation a permis, oui d'accroître la productivité, mais souvent au détriment des travailleurs qui se sont retrouvés au chômage. Pour un employeur dont le seul souci est le profit, il est plus facile pour lui de gérer des robots que des humains. Les fausses promesses sur l'implantation des robots dans nos usines n'ont pas permis d'améliorer tant que ça le rôle des ouvriers.

Pour l'intelligence artificielle, c'est la même chose. On nous vend le fait que cette technologie nous permettra d'être plus efficaces et plus productifs. On pourra alors occuper des rôles moins ennuyeux. Cependant, ces promesses sont également confrontées aux mêmes exigences que pour la robotique, soit le gain et les profits.

Ce qui est plus grave avec l'IA, c'est qu'elle ne vise pas seulement à remplacer les ouvriers dans des usines, mais à terme, d'autres corps de métier comme les médecins, les avocats, les camionneurs, bref une gamme beaucoup plus importante de spécialités.

L'intelligence artificielle offre le potentiel de développer des technologies à la fois utiles et pertinentes dans nos sociétés. Il faut cependant prévenir ses dérives, comme l'utilisation abusive des données personnelles pour contrôler l'opinion des gens ou encore des drones militaires permettant de gagner des guerres sans même la présence d'aucun humain. Certains groupes de chercheurs à travers le monde se penchent justement sur l'éthique liée au développement de ces nouvelles technologies.

Au même titre, les nouvelles technologies de manipulation génétique, comme le CRISPR-Cas9, ont également un potentiel énorme pour des cures permettant de guérir des maladies impossibles à guérir encore aujourd'hui. Mais on a vite compris que ce type de manipulation génétique avait un potentiel de dérive important et qu'il fallait contrôler. Les pays ont donc développé des lois restreignant certaines expériences, entre autres la manipulation des gènes chez les humains.

À mon avis, à moyen et long terme, nous faisons fausse route en développant des technologies qui « imitent » notre intelligence. Dans un monde pas si lointain, on pourra se trouver devant des machines si puissantes et si intelligentes que le rôle des humains sur la planète sera vu comme optionnel.

Il faut envisager plutôt le développement de cette technologie comme une extension de notre être en développant des outils qui amplifient nos capacités et non les remplacent. Il faut concevoir des machines qui nous assisteront dans nos tâches et qui nous permettront de devenir des spécialistes sans avoir les connaissances et l'expérience de toute une vie.

Dans le dernier chapitre de ce livre, je discuterai comment on peut construire des façons plus efficaces de communiquer avec les ordinateurs que le clavier et la souris.

Interface

Communiquer avant tout

En 2005, le site de jeu d'échecs en ligne Playchess.com a organisé ce qu'il a appelé un tournoi d'échecs « freestyle » dans lequel n'importe qui pouvait concourir en équipe avec d'autres joueurs ou des ordinateurs. Ce qui a rendu cette compétition intéressante est que plusieurs groupes de grands maîtres travaillant avec des ordinateurs ont également participé à ce tournoi. Comme on pouvait s'y attendre, la plupart des gens s'attendaient à ce qu'un de ces grands maîtres, associé à un superordinateur, domine cette compétition — mais ce n'est pas ce qui s'est passé. Le tournoi a été remporté par une paire de joueurs d'échecs américains amateurs utilisant trois ordinateurs. C'est leur capacité à coordonner et à communiquer efficacement leurs ordinateurs qui a permis de vaincre la combinaison d'un grand maître intelligent et d'un PC doté d'une grande puissance de calcul.

Ce résultat surprenant souligne l'importance d'une bonne communication entre les humains et les machines. Au cours des siècles, la transmission des connaissances d'une génération à l'autre a pu être possible grâce, d'une part, au langage et, d'autre part, à l'écriture. Ce sont des conditions essentielles qui nous ont permis de bâtir une intelligence collective et qui nous ont permis de créer des choses inimaginables pour nos ancêtres. Qui aurait pu imaginer, il y a à peine cent ans, que l'on pourrait permettre aux premiers humains de marcher sur la Lune grâce à des machines volantes ? Ce bond phénoménal dans l'avancement des connaissances est possible en partie par le langage et l'écriture, mais également grâce à des conditions extrinsèques, comme la liberté d'expression et l'accès à l'éducation.

Une autre condition sous-jacente à la bonne communication entre les générations est évidemment que l'on parle le même langage. Si chaque peuple avait parlé des langages différents et avait été incapable d'apprendre d'autres langues, il est évident que le savoir ne se serait pas transmis aussi efficacement. La découverte de la pierre de Rosette et son interprétation par le Français Jean-François Champollion, à Paris, en 1822, a permis de comprendre les hiéroglyphes égyptiens antiques, une forme de langage oubliée depuis des centaines d'années.

Un bon exemple de l'importance d'une bonne communication est la sonde Mars Climate Orbiter qui en septembre 1999 arrive dans la banlieue martienne. Après un voyage de 670 millions de kilomètres (ou 416,4077 millions de miles), la sonde s'apprête à entamer le léger freinage qui lui permettra de se mettre sur une orbite elliptique autour de la planète. Lorsqu'elle aborde la planète par la tangente, elle doit impérativement viser une fourchette d'altitudes assez étroite : si elle passe trop loin de la planète, elle poursuit son voyage vers l'infini, si elle passe trop près, elle entre dans une atmosphère dense qui, par frottement, la ferait se consumer. Les ingénieurs avaient choisi l'altitude de 140 kilomètres. Un logiciel la propulse à 37,29 miles, soit environ 60 km. L'accident était inévitable.

La commission d'enquête de la NASA a confirmé que la cause principale de la perte du vaisseau spatial était « l'absence de conversion des unités anglo-saxonnes en unités métriques dans un segment du logiciel de navigation ». Cet exemple illustre bien l'importance d'une langue commune.

La compréhension des autres cultures nous a permis d'étendre nos connaissances, mais aussi de penser différemment. Il existe aujourd'hui plusieurs preuves expérimentales que les langues façonnent la pensée. Ces résultats renseignent sur la façon dont les connaissances et les capacités cognitives se mettent en place. Dans le monde, les individus communiquent en utilisant environ 7000 langues, et chaque langue requiert des caractéristiques différentes de ses locuteurs. Un francophone pensera différemment d'un anglophone et sans doute plus différemment encore d'un mandarinophone ! Le fait d'avoir beaucoup de noms différents pour dire « neige » chez les Inuits ou « sable » chez les Sumériens appuie l'expertise conceptuelle beaucoup plus poussée que la nôtre que ces peuples avaient de la neige et du sable.

Par extension, si nous voulons être en mesure d'échanger avec les ordinateurs, il faut être capable de communiquer avec cette machine. Peu de monde connaît les langages informatiques comme C++, Java, Python ou C#, mais ce sont pourtant les langages que comprennent les ordinateurs. Si l'on se limitait à ces langages, l'accès aux ordinateurs ne serait évidemment pas aussi universel. La communication avec les ordinateurs est réservée aujourd'hui à une classe privilégiée de scribes informatiques comme au temps des pharaons.

C'est dans les années 80 que les fondateurs de Microsoft, Bill Gates et Paul Allen, on eut l'idée de développer une interface simple appelée MS-DOS (pour Disk Operating System) qui fut l'une des premières interfaces avec les ordinateurs portables qu'IBM venait de lancer. On communiquait et contrôlait l'ordinateur avec une série de commandes prédéfinies (dir, copy, del), ce qui permettait essentiellement de gérer les logiciels et les fichiers sur l'ordinateur.

Cependant, l'histoire de Microsoft débute vraiment quand les fondateurs annoncent le développement de Windows, une interface graphique pour son système d'exploitation MS-DOS. On passe d'une interface de commande en ligne à une interface graphique simple à comprendre et intuitive. Cette petite révolution a permis de rendre les ordinateurs plus faciles à comprendre et fait exploser les ventes d'ordinateurs personnels.

À la même époque, Steve Jobs, Steve Wozniak et Ronald Wayne créent la compagnie Apple dans le garage de la maison d'enfance de Steve Jobs à Los Altos en Californie. En raison de son interface conviviale, de l'ergonomie et l'esthétique de ses produits appréciés des consommateurs, Apple s'est forgé une réputation dans l'industrie des ordinateurs grand public. C'est Apple qui introduira la souris et qui permettra de faciliter votre navigation dans l'interface graphique des Macs. Notez que la souris fut inventée initialement par un ingénieur de Xerox et reprise par Jobs.

Jusqu'au tournant des années 2000, nos moyens de communication avec les ordinateurs étaient limités par des commandes écrites ou encore des menus graphiques. C'est en 1995 que deux jeunes étudiants américains, Sergey Brin et Larry Page, se rencontrent à l'Université de Stanford et décident de fonder Google. L'idée leur est venue de créer un moteur de recherche d'un genre nouveau, dont l'adoption par tous a été fulgurante. La mission de cette petite entreprise de garage (les garages sont utiles en Californie) était de rendre l'information mondiale universellement accessible et utile à tous.

Cet outil de recherche permet d'indexer la majorité contenu sur le Web afin de retrouver rapidement et facilement ce que l'on recherche : d'une recette de gâteau au chocolat jusqu'à fabriquer un télescope en passant par des cours de musique. En un seul clic, et surtout en utilisant le langage courant interprété par l'IA, n'importe qui peut avoir accès à des pétaoctets d'informations sans connaître aucune notion de programmation. Une vraie révolution.

Dans les années 2010, les grosses entreprises comme Apple, Amazon et Microsoft lancent les assistants personnels intelligents sur le marché. Ces assistants sont des petits appareils de maison fonctionnant grâce à l'intelligence artificielle qui permet de comprendre vos requêtes verbales. Ce qui est merveilleux avec ces appareils, c'est qu'on n'a plus besoin de connaître des codes ou des commandes spéciales pour faire sa requête. L'intelligence artificielle est capable de reconnaître les mots que vous prononcez, comprendre le contexte de votre question ou de votre requête. Elle peut alors faire des recherches sur le Web pour vous ou encore contrôler les appareils intelligents comme votre chaîne stéréo ou les lumières de votre maison. Ce type d'interface est une autre révolution qui pousse plus loin encore les moyens de communication avec nos amis, les ordinateurs.

Réalité virtuelle et mixte

AU FIL DES ANNÉES, on a développé une multitude de moyens de communiquer avec les ordinateurs. Nous sommes passés d'une interface à une dimension avec la ligne de commande MS-DOS à une interface à deux dimensions avec les fenêtres graphiques comme Windows. En toute logique, le prochain mode de communication devrait être en trois dimensions. C'est ce qu'apportent les systèmes de réalité virtuelle et mixte.

Afin de bien comprendre où se situe cette technologie, il faut voir ces types d'interfaces comme faisant partie d'un continuum où d'un côté on a le monde bien réel dans lequel nous vivons et à l'autre bout la réalité virtuelle, un monde généré à 100 % par les ordinateurs, celui des jeux vidéo. Entre ces deux réalités, on a une panoplie de modes possibles mélangeant des éléments du monde réel et d'autres synthétisés par ordinateur. C'est ce qu'on appelle de façon générale la réalité mixte et qu'on appelle aussi parfois réalité augmentée.

On commence de plus en plus à avoir des applications mobiles qui mélangent des éléments 3D synthétisés par ordinateur superposés aux images vidéo en temps réel, comme si cet objet faisait partie de la scène réelle. Le jeu Pokemon-Go fut l'une des premières applications populaires qui démontrent un peu à quoi ressemble la réalité mixte.

Aujourd'hui, il existe de nombreuses applications plus sophistiquées et plus réalistes que ce jeu. La compagnie de meubles IKEA offrait, il n'y a pas si longtemps, une application pour appareil mobile permettant de visualiser votre divan ou votre chaise dans votre salon avant même de l'acheter. La compagnie CAE Health utilise la réalité mixte pour montrer aux étudiants en médecine ou en soins infirmiers des modèles anatomiques dynamiques et très réels directement sur un lit d'hôpital. On utilise beaucoup ce type d'application pour le marketing en affichant par exemple un modèle de l'auto de l'année en 3D à partir d'une image dans un magazine. On peut visualiser ces réalités augmentées soit à l'aide de son appareil portable ou encore en utilisant des lunettes spéciales comme la fameuse Hololens développée par Microsoft.

Les applications en réalité virtuelle vous plongent dans un monde coupé du réel et complètement généré par ordinateur. Vous êtes muni d'un casque spécial doté de deux écrans miniatures placés devant vos yeux sur lesquels vous voyez une scène en 3D générée en temps réel. Votre casque suit le mouvement de vos yeux et de votre tête, et affiche de nouveau la scène de façon à ce que vous ayez l'impression d'être au centre de ce monde irréel. Avec le son ambiant, vous êtes alors plongé dans un monde virtuel. Vous pouvez vous déplacer en marchant dans la scène ou encore en vous téléportant d'un point à l'autre à l'aide de manettes de contrôle similaires à celles des jeux vidéo. L'effet est saisissant. La dernière application avec laquelle j'ai joué était un jeu, développé par la compagnie Ubisoft, où vous « étiez » un aigle volant au-dessus d'une ville de Paris du futur. Vous guidiez la direction du vol de votre oiseau en penchant la tête à gauche ou à droite. De plus, afin d'avoir une impression de mouvement, j'étais aussi dans une chaise D-Box (comme celle qu'on retrouve au cinéma) et qui simulait les mouvements et les vibrations de l'air durant votre vol. C'est franchement impressionnant.

À l'été 2021, Mark Zuckerberg, PDG de Facebook, a annoncé une nouvelle initiative ambitieuse. Dorénavant, l'entreprise s'efforcera de construire un ensemble d'expériences maximales et interconnectées tout droit sorties de la science-fiction, un monde connu sous le nom de métavers. Qu'est-ce que le métavers ? Il s'agit d'un environnement virtuel dans lequel vous pouvez être présent avec des personnes dans des espaces numériques. On peut en quelque sorte le considérer comme un Internet incarné dans lequel on se trouve plutôt que de simplement le regarder.

Outre l'effet « wow » que représente ce type d'application, on peut voir la réalité augmentée et la réalité mixte comme le nouveau moyen de communiquer avec les ordinateurs. Imaginez une interface à la « Minority Report » où vous auriez une panoplie de fenêtres graphiques dans votre chambre (bon ménage), où chaque objet serait un bouton pour activer ou contrôler ce que vous voulez. Une télécommande virtuelle vous apparaît dans le creux de la main et le téléviseur s'affiche virtuellement devant vous où que vous vouliez. Pour vos travaux de rénovation, vous pouvez déplacer vos meubles et armoires virtuels dans votre cuisine réelle et essayer différentes couleurs ou types de matériaux. Les architectes peuvent se promener dans un modèle virtuel de leur bâtiment et voir les problèmes de conception avant même le début de la construction réelle. Les employés municipaux peuvent voir la position des tuyaux ou des fils électriques enfouis sous terre afin de guider leur excavatrice et éviter ainsi des erreurs coûteuses s'ils brisent un de ces conduits ou fils. Les possibilités sont presque infinies.

Avec les interfaces en 3D, on ouvre un ensemble de possibilités inimaginables, ce qui nous permet d'entrer plus facilement dans le monde numérique des ordinateurs. À terme, ces technologies nous permettront vraiment de concevoir des choses de la façon la plus naturelle pour nous, soit avec les mains. La beauté du virtuel est que l'on peut essayer différentes choses et modifier ces objets que l'on conçoit très rapidement, de façon très économique et sans générer de déchets.

Au niveau artistique, la réalité virtuelle et mixte nous permet de créer des œuvres numériques vraiment impressionnantes et de les réaliser physiquement sur une imprimante 3D. J'aime bien l'artiste-peintre Anna Zhilyaeva qui utilise les technologies de la réalité virtuelle afin de créer des œuvres numériques mariant la sculpture et la peinture tout en interagissant avec les observateurs et en les gardant profondément captivés (à voir absolument).

Fusion cérébrale

AU-DELÀ DES INTERACTIONS en 3D dans un monde réel ou virtuel, l'étape ultime est de communiquer directement avec notre cerveau. De la science-fiction, pensez-vous ? Pas du tout.

Une interface cerveau-ordinateur (BCI = Brain-Computer Interface) est une voie de communication directe entre un cerveau et un dispositif électronique externe. Ces types d'interfaces sont souvent destinés à mesurer, assister ou à augmenter les fonctions cognitives ou sensori-motrices humaines.

Différentes techniques sont utilisées pour mesurer l'activité cérébrale pour ces interfaces. Certaines utilisent des signaux électriques détectés à l'aide d'électrodes placées de manière invasive dans ou sur la surface du cortex, et d'autres de manière non invasive sur la surface du cuir chevelu. L'analyse des signaux provenant de ces différents appareils permet de mesurer les réactions des sujets devant une œuvre théâtrale ou devant un film d'action, ou encore déterminer leur sentiment lorsqu'ils jouent à des jeux vidéo. Cette technique permet entre autres d'améliorer les jeux vidéo en mesurant les sentiments durant une partie.

Ce type d'interface peut également contrôler des machines uniquement par la pensée. Plus besoin de mains. Certaines entreprises développent des interfaces qui permettent aux personnes à mobilité réduite de contrôler les membres artificiels ou des fauteuils roulants uniquement par la pensée. D'autres ont mis au point des appareils portables sans fil pour mesurer l'activité cérébrale, qui permettent d'améliorer l'efficacité du travail grâce à un entraînement par neurofeedback. D'autres développent des systèmes permettant de contrôler des personnages dans des jeux vidéo ou encore plus.

Neuralink est la société de technologie d'interface neuronale financée par le milliardaire excentrique Elon Musk. L'objectif ultime de cette entreprise consiste à réaliser un jour une symbiose entre le cerveau humain et l'intelligence artificielle. En termes simples, elle construit une technologie qui pourrait être intégrée dans le cerveau d'une personne, où elle pourrait à la fois enregistrer l'activité cérébrale et potentiellement la stimuler. Des fils de l'ordre du micron sont insérés dans les zones du cerveau qui contrôlent les mouvements. Chaque fil contient de nombreuses électrodes et les relie à un implant, le Link. L'application Neuralink vous permettra de contrôler votre appareil mobile, votre clavier et votre souris directement avec l'activité de votre cerveau, simplement en y pensant.

On voit que l'avancement de ces technologies en est encore à ses balbutiements. Personnellement, je ne suis pas certain que de pouvoir contrôler mon téléphone intelligent par la pensée sera un grand avancement. On a déjà beaucoup de difficultés à s'en départir. Imaginer si l'on était connecté en permanence au cerveau.

Cependant, à moyen et à long terme, on peut voir que ce type d'interface est un moyen efficace afin de communiquer avec les ordinateurs, de la façon la plus naturelle possible. À terme, on pourrait alors imaginer que le Web serait une extension réelle et physique de notre cerveau. On pourra combiner la réalité virtuelle et la neurostimulation afin de développer nos capacités cérébrales. Un genre de dopage cognitif.

On pourra créer alors une nouvelle forme d'intelligence, à la fois naturelle et cybernétique, pleinement interconnectée et ayant des capacités inimaginables aujourd'hui. Un monde comme le Collectif Borg tel qu'imaginé dans l'univers de fiction de *Star Trek*, mais espérons-le, avec une sensibilité plus humaine, que machine.

Pour terminer

MARVIN MINSKY EST CONSIDÉRÉ encore aujourd'hui comme l'un des pères fondateurs de l'intelligence artificielle. Au cours de ses décennies de recherche en informatique, d'apprentissage automatique et de réflexions futuristes sur l'avenir de la technologie de l'IA, Marvin Minsky est devenu une sorte de légende pour ses idées qui, à bien des égards, ont jeté les bases de ce que nous considérons aujourd'hui comme l'IA.

L'une de ses citations les plus célèbres est probablement liée à des questions sur le scénario catastrophe régulièrement évoqué par les détracteurs des progrès fulgurants de l'IA, à savoir la possibilité que les robots puissent dépasser l'humanité.

Minsky a exposé ses idées sur la question dans un article de 1994 intitulé « Will Robots Inherit the Earth? » dans lequel il explique comment les limites du corps humain et la capacité à développer notre intelligence à un rythme suffisamment rapide nous amènerons à créer des cerveaux et des corps artificiels au point que nous ne serons plus humains. Résumant le tout dans une citation, Minsky dit dans le document : « Les robots hériteront-ils de la Terre ? Oui, mais ce seront nos enfants. »

Quitte à déplaire aux partisans de Minsky, je ne suis évidemment pas d'accord avec lui. Son enthousiasme quant au développement de l'IA a été un peu trop exagéré.

Nous faisons juste de commencer à comprendre comment fonctionne notre cerveau. En parallèle, nous avons inventé des machines qui nous permettent d'imiter certaines fonctions du cerveau, comme reconnaître des « chats ». Bien que la compréhension de notre cerveau ait permis de jeter les bases de l'intelligence artificielle, le développement de nouveaux modèles de réseaux de neurones artificiels croît en parallèle sans nécessairement copier le fonctionnement exact du cerveau.

On voit donc que nous sommes encore très loin d'approcher de la complexité intrinsèque de notre cerveau. Les avancées des dernières années ont permis de bâtir quelques-uns des éléments de base d'une vraie intelligence créative. On ne peut pas dire que ces éléments de base, comme la reconnaissance de formes, de visages, ou la reconnaissance de textes ou celle du langage naturel ne sont pas à proprement parler une intelligence comparable à celle des humains. C'est en combinant les informations de ces sous-systèmes et en déterminant les relations entre les données que nous pourrons alors parler d'intelligence plus « humaine ». Peut-être pas aussi performante, mais différente.

Ce qui est important et ce qu'il faut se rappeler dans l'objectif de cette quête, c'est que cette forme d'intelligence ne doit pas remplacer la nôtre. Elle doit en être son extension. Sinon nous courons le risque d'éliminer tout le sens de notre vie, soit celle de vivre en relation en société et avec la nature. Nous faisons partie d'un système naturel qui est la terre, mais notre contribution, bien qu'importante, n'est pas essentielle à la survie de cet être suprême. Nous n'y étions pas il y a 100 000 ans et nous y serons plus dans 100 000 ans.

Si nous décidons de fabriquer une machine intelligente, aussi performante que les humains et qui se développe sans notre aide, on aura alors devant nous une intelligence qui pourrait aussi bien nous trouver plus nuisibles qu'utiles.

C'est pour cette raison qu'il faut concevoir cette forme d'intelligence non pas comme un être autonome qui nous remplace, mais afin de nous aider à développer notre potentiel et à terme ne faire qu'un avec la machine. Une société d'hommes, de robots et d'agents intelligents. On créerait alors une nouvelle forme d'intelligence supérieure bâtie sur la nôtre. Des connaissances accessibles à tous et non pas à une classe de privilégiés. Elle pourrait alors nous permettre de justifier notre présence dans le système naturel de la terre et ultimement dépasser les confins de notre planète. Car, comme toute chose existe lorsqu'elle est en relation avec d'autres, on peut imaginer un univers où la Terre, être vivant ultime connu à ce jour, fait partie d'un ensemble d'autres planètes, comme les cellules de corps humain.

About the Author

Denis Boulanger Ph.D. est un chercheur et un innovateur travaillant depuis plus de 30 ans dans le développement de produits de haute technologie. Il agit comme directeur de la recherche d'un centre de recherche appliquée à Québec dans les domaines de l'intelligence artificielle.

Passionné de nouvelles technologies et d'histoire, il aime par-dessus tout à trouver des solutions innovantes à des problèmes de toute sorte. Pour lui, le résultat attendu n'est pas une motivation en soi ; c'est plutôt le processus créatif qui le motive. Comme l'a si bien dit Confucius, « le bonheur ne se trouve pas au sommet de la montagne, mais dans la façon de la gravir ».

Read more at https://intelligencemixte.ca/.